U0945207

本书为2016年度国家社科基金重大项目“中国参与联合国维和行动战略选择研究”（项目编号：16ZDA094）子课题“中国参与联合国维和行动的国际合作战略”阶段性成果。

孔炜良　杨福芳◎著

维和警察散打训练实务

中国维和警察始终以作风优良、纪律严明、素质过硬著称

在联合国维和任务区，他们经受住了枪林弹雨的考验和血与火的洗礼；他们不负人民重托，不辱光荣使命，赢得了联合国官员、驻在国政府以及维和同行的广泛赞誉。

这是对中国维和培训工作的最佳诠释

光明日报出版社

图书在版编目（CIP）数据

维和警察散打训练实务 / 孔炜良，杨福芳著 .-- 北京：光明日报出版社，2018.10

ISBN 978-7-5194-4737-3

Ⅰ.①维… Ⅱ.①孔… ②杨… Ⅲ.①警察—散打（武术）—训练 Ⅳ.① G852.42

中国版本图书馆 CIP 数据核字（2018）第 241638 号

维和警察散打训练实务

WEIHE JINGCHA SANDA XUNLIAN SHIWU

著　　者：孔炜良　杨福芳

责任编辑：史　宁　　　　责任校对：赵鸣鸣

封面设计：中联学林　　　　责任印制：曹　诤

出版发行：光明日报出版社

地　　址：北京市西城区永安路 106 号，100050

电　　话：01067078251（咨询），63131930(邮购)

传　　真：01067078227，67078255

网　　址：http://book.gmw.cn

E - mail：shining@gmw.cn

法律顾问：北京德恒律师事务所龚柳方律师，电话：010-67019571

印　　刷：三河市华东印刷有限公司

装　　订：三河市华东印刷有限公司

本书如有破损、缺页、装订错误，请与本社联系调换

开　　本：170mm×240mm

字　　数：137 千字　　　　印张：11

版　　次：2019 年 1 月第 1 版　　　　印次：2019 年 1 月第 1 次印刷

书　　号：ISBN 978-7-5194-4737-3

定　　价：45.00 元

说 明

选派中国警察参加联合国维和行动，是党和政府做出的一项重大决策。近年来，参与联合国维和行动已上升为一项国家战略，成为我国开展多边外交、承担国家责任、宣示国家政策的重要平台，有力服务了联合国维和工作和国家外交战略。

参与维和行动以来，中国维和警察始终忠实履行联合国赋予的维和使命，模范践行联合国核心价值，以作风优良、纪律严明、素质过硬而著称。他们经受住了枪林弹雨的考验和血与火的洗礼，不负人民重托，不辱光荣使命，赢得了广泛赞誉，这是对培训工作的最佳诠释和印证。

总结我国警察参与联合国维和行动的成功经验，十分重要的一条就是高质量地开展了派遣前的维和培训工作，构建了符合联合国维和工作需要、切中我国警察实际的国际化的维和培训体系，培养了大量的德才兼备的维和人才，同时，有力助推了中国维和警察工作的开展。本著作由孔炜良、杨福芳两位同志结合维和任务区的实战经验，根据维和警察及维和警察防暴队的实际训练情况，依据联合国迎战原则和标准作业程序的要求编制的。能够在提升维和警察实战能力，缓解维和执勤压力等方面具有积极的意义。

中国维和警察培训中心

2018年10月

目　录

CONTENTS

绪 论

散打是保护维和警察执行联合国维和行动的实战技能方法，是检验维和警察是否具备自我防护能力的最直接、最有效的实战训练方式。它的运用可以使维和警察在执行任务时，做到如何防止和制止执法对象对自身的暴力攻击，使自己尽可能准确地评估危险情形，对潜在的危险实施有效控制，将可能面临的危险做出最大限度地避免及化解，从而最大程度保护自己，一旦冲突发生，维和警察也能运用有效手段予以防控。

“维和人员执行维和任务，首先考虑的是安全，其次是安全，再次是安全，最终还是安全，在确保安全的前提下实施一切行动。如果没有安全，那么一切将为零。”这是联合国一句至理名言。联合国对维和人员参加维和行动具有非常高的安全要求，执行联合国维和任务，不同于在国内开展的执法行为，要最大限度地确保武力使用的克制性，尽可能地去化解矛盾、规避矛盾，而不是制造矛盾，致力于维和任务区的和平进程建设。但是所有这些具有一个前提，维和人员首先能够确保自身的安全，面对复杂、危险的维和任务区形势，维和人员要具备这种能力对危险进行评估和规避，只有保护好自身的安全，才能更好地保护联合国人员、任务区居民的安全，才能更好地促进联合国维和任务区的和平进程建设。散打训练正是建立在维和警察执勤需求的基础上，通过实战对抗的方式，在日常的训练中逐渐提升维和警察的防护能力和控制技巧。

散打，又称散手，古称相搏、手搏、白打、手战等，是两人按照一定的规则，运用武术中的踢、打、摔等攻防技法制胜对方徒手对抗的现代竞技体育项目，它是中国武术的重要组成部分。

一、散打运动的形成与发展

散打运动的形成与发展，经历了相当漫长的历史过程。

（一）散打运动的萌芽与形成

散打运动的产生是由生产劳动所决定的，源于人与兽斗和人与人斗，并随着社会的发展而发展。在远古时期，由于人类生产力低下、工具简陋、庞大而凶猛的野兽对人类的生存产生了巨大威胁。人类为了生存、获取生活所需，必须经常徒手与猛兽进行殊死搏斗，慢慢地产生了使用拳打、脚踢以及躲闪的格斗动作。随着生产力的发展，到氏族公社时期，部落之间因为物质利益经常产生斗争，并逐渐开始对以前本能的自卫活动有意识地进行训练和提高，这与散打的萌芽有着直接的关系。

商周时期，原始社会搏斗的形式仍然存在。如《尔雅·释训》云："暴虎，徒搏也"。即徒手与猛虎搏斗。除搏兽外，也有人与人互搏的记载，如《周礼·夏官·环人》"(环人)搏谍贼。"搏在这里主要是拘捕的意思。拘捕之法应包括"手搏"之技。春秋战国时期，由于步兵的崛起，徒手搏斗得到较快发展。秦朝统一天下后，实行民间禁武，然秦经两世即亡，对徒手搏斗的发展并未产生太大影响。到了汉代徒手搏击有了进一步的发展。当时的选拔武生主要是通过手搏科试，表明手搏比赛在当时已经较为正规，再加上手搏在民间也有广泛的群众基础，说明散打运动在当时已经逐渐形成。

（二）散打运动的初期发展

魏晋、南北朝是一个分裂动荡的时代，阶级斗争和民族战争日益频繁激烈，武术成了人类社会活动最重要的内容之一。唐代社会文化、经济空前发展，选拔人才也是在借鉴之前较为成熟的选拨武士武官方法的基础上，开始设立“武举制”，这对整个武术的发展起到了极大的促进作用。到了宋朝，手搏在民间更为流行，出现了以“社”“团”为形式的练武组织，比赛极为盛行。元代由于统治者禁武，民间手搏一度受限。但在民间私自练武之风仍传习不止，无数次民间起义都推动了武术的发展。明清是武术集大成的发展时期。民间流派林立，拳种繁多，各派经常通过比武较量发展技艺。正规的手搏比赛，民间称作“打擂台”。由于比赛开展频繁，手搏运动有了更进一步的发展。民间也出现了一些有关武术散打的书籍，比如升宵道人的《散打秘钥》、戚继光的《纪效新书》。这些书籍的出现，不仅丰富了手搏的理论，也为其全面发展起到了很大的促进作用。到了民国时期，散打或散手作为一个竞技比赛项目被屡次尝试，但是一直没有形成大家认可的、规范的比赛形式。建国初期，国家倡导发展武术，把发展武术运动提到了中国体育工作的议事日程。当时的政务院副总理兼国家体委主任贺龙同志提出了“发掘、整理、提高、发扬光大武术”的主张，对武术运动的发展有着重要的指导意义。但是，后来由于中国的拳击比赛出现了伤亡事件，搏击对抗项目便不被提倡。又因“文革”中，中国武术研究工作被视为“唯技击论”，散打运动的发展陷入了空前的低谷。

（三）散打运动的实验与全面发展

1979年后期，武术得到了空前发展，国内兴起武术热，为了全面继承和发展武术这一文化遗产，国家体委决定先在北京体育学院、武汉体育学院和浙江省体委三个单位进行武术对抗项目的试点工作。为进一步促进武术散打不断提高，1980年10月在昆明举行的全国武术表演赛期间，国家体委调集了散打（手）试点单位的有关人员开始制定全国散打（手）竞赛规则，拟制了《全国散手竞赛规则》（征求意见稿）。1982年国家体委又调集相关单位在北京召开全国散打（手）竞赛规则研究会，制定了《散手竞赛规则（初稿）》，随后按照此规则举行了全国武术对抗项目的表演赛。同年12月，在北京召开的新中国成立以来的第一次全国武术工作会议，对散打（手）的发展提出了“积极、谨慎、稳妥”的要求。1985年在广西南宁举行了首届全国公安武警系统的武术比赛，从此武术散打比赛成为公安武警系统每年举行的正式项目。1988年在甘肃兰州举行的散打表演赛中，第一次设台比赛。自此，散打以擂台进行比赛的形式被确定下来。1989年10月首次全国武术散打擂台赛在江西宜春举行，这是散打项目从表演赛过渡到正规比赛的首次正式比赛，标志着武术散打运动发展进入了一个崭新的阶段。1993年11月在马来西亚吉隆坡举行第二届世界武术锦标赛，来自世界五大洲共53个国家和地区的600名运动员参加了比赛，这是武术散打第一次被列为世界锦标赛正式比赛项目。1998年散打被正式列为第十三届亚运会比赛项目。

（四）散打运动的改革与开拓

随着中国改革开放的不断深入，中国社会各界开始进行各项改革。武术散打为了适应时代的发展，也开始按照市场规律和大众需求进行运行。同时，为了挖掘开发武术散打市场潜力，国家体育总局从1988年开始，分别在陕西户县、山东青岛以及河北沧州三地举办了具有实验性的散打比赛，参赛运动员脱掉护具，只戴拳套、护裆和护齿，使比赛变得更加精彩。另外，还增加了比赛的局数，给运动员体能和抗击打能力带来更大挑战。随后，还举行过各类散打擂台邀请赛、挑战赛和争霸赛等赛事，这些比赛都为开拓武术散打国内市场和满足观众需求做出了有益探索，也为武术走出国门，与世界同类格斗项目进行比赛交流奠定了基础。1999年，经过长期的酝酿和艰苦的谈判，于12月中旬，中国武术代表团赴美，与美国职业拳击进行对抗赛。通过两个不同项目之间的交流，提高了武术散打与其他各类格斗项目交流比赛的信心，也打出了武术散打运动发展的新天地。2000年3月，“中国武术散打王争霸赛”在北京举行，这是一场与过去单纯依靠行政组织管理完全不同的赛事，它完全按照市场规律进行运作，强调灯光、音响、舞美等特色，大大增强了比赛的观赏性和娱乐性。走过四个年头的散打王争霸赛意味着赛事先期运作成功，也意味着散打王争霸赛进入了一个品牌价值提升的全新时期。2003年12月，一场由美国电子商务公司和国家体育总局、中国中央电视台体育节目中心等单位联合打造的中国武术散打王与世界自由搏击冠军进行的“世界散打争霸赛”，各国竞技高手在此展开了世纪争霸。在所有四场比赛中，中国散打王四位杰出代表均以较大优势战胜对手，捍卫了中国武术的尊严，也首次将IKF的金腰带留在了中国。至此，散打不仅在中国已成为全国锦标赛、全运会的正式比赛项目，也是亚运会比赛项目，并成功举办了多届世界武术锦标赛并有了属于自己的世界杯散打比赛，已经形成了一套完整的运作体系。2008年奥运会在北京举行，散打更是被列为奥运会表演项目加入到奥运大家庭中，这对散打运动的进一步发展起到了重要的推动作用，为散打运动成为奥运会正式比赛项目奠定了坚实的基础。

二、维和警察开展散打训练的必要性

现代散打运动逐渐发展成为一种新的技击技术体系，它有别于传统的“点到为止”，也不同于“一招制敌”的使用技击技术，它有着自身独特的特点和作用。

（一）散打运动的特点

散打运动具有对抗性、体育性以及民族性的特点。

1. 散打运动对抗性的特点

现代散打运动是在继承中国传统武术中的徒手格斗术的基础上有了更新的发展和提高。最突出的特点就是把传统中只注意套路招法的观念发展成为把体能、智能与技能结合起来的一种综合应用的能力。实战双方以对方技击动作随机转移，双方斗志、斗勇、较技，互相捕捉对方的弱点，用自己的长处制约对方的短处。它不仅要求维和警察能够熟练地掌握散打动作技术，还要求维和警察具备灵敏的应变能力。从而促使维和警察面对危险情形时更能有效地保护自己，并最终达到控制对方的目的。

2. 散打运动体育性的特点

武术散打是一种激烈的、残酷的竞技体育项目，但是也有它的体育属性，虽说各种技法总是在追求最大的攻击效果，但还是把人体安全和健康作为自身生存和发展的前提。因此，散打的一些招法是明显区别于使人致残、致伤的技术动作。在其规则中也是严禁击打人体脆弱部位，比如后脑、裆部、颈部。另外，从动作的使用上，也是规定严禁使用反关节等擒拿技法，以及对人体杀伤性强的肘、膝关节等技法进攻对方，将其技法的使用限制在一定的范围内。这些规定与联合国保护人权的主张是相一致的。

3. 散打运动民族性的特点

散打运动通过对中国武术的继承与发展，在比赛形式和技法运用上都体现了很强的民族性。散打比赛时，设置的擂台和三局两胜制就是继承了中国民间打擂比武的风俗习惯。在散打技术的应用上，现在散打主要是对传统技击术进行的整理和归纳，舍弃形态，找出共性，经过高度概括，确定进攻技术形式。“远踢近打贴身摔”技术方法的多样化以及打击部位的多层次化，充分体现了中国武术技术整体性的特点。

（二）散打训练的作用

散打训练对于提升维和警察综合性实战能力具有良好的促进作用。

1. 培养维和警察的竞争意识

散打是一项竞争激烈的搏击运动。实战双方直面对方拳脚攻击，成功与失败、失落与得意，两者必居其一。但是成功者不傲慢、失败者不放弃，可以说散打最能培养维和警察胜不骄败不弃的竞争精神，使维和警察更能适应文化各异的国际大舞台。维和警察经过长时间的练习，将会更加蓬勃充满竞争活力。

2. 锻炼维和警察的意志品质

散打运动对维和警察意志品质的锻炼是多方面的。一是要克服身体的疼痛。在训练的起初阶段，由于高强度、高对抗的训练，很多维和警察会出现肌肉疼痛的现象，维和警察从不适应到适应，是一个非常艰难的过程。二是，要克服心理上的胆怯。实战中，双方互相比试，要克服心理上的胆怯，逐步增强敢打敢拼的意识。尤其是在实战中遇到强手时，面对强势的攻击和被动挨打，意志薄弱的维和警察就会适时放弃，而意志坚强者则会咬紧牙关，在艰难中拼搏，寻找机会，直到胜利。长时间的对抗训练，使维和警察意志品质更加顽强拼搏，更能适应环境恶劣的任务区环境。

3. 发展维和警察的体质心智

散打运动是一种讲究方法技巧，灵活机动地运用战略战术，以巧取胜的格斗技术。散打技术追求的最高境界始终是中国传统武术中的“以小胜大”等技击法则。因此，维和警察通过长时间的散打训练，不仅能提升自身的身体素质，更能有效地提高自身的反应和应变能力，使思维更加敏捷、灵活，尤其是在维和警察处于危难之际更能保持一种冷静而从容应对的态度。

第一章　维和警察的心理行为训练

维和警察的心理行为训练，是根据维和警察在实战对抗中所面临的情况，而采取的一种心理调控行为，是维和警察进行散打实战对抗所具备的心理素质而进行的针对性训练，目的是提高维和警察的心理承受及应急反应能力，力求实战动作能够有效发挥。维和警察心理行为训练的关键在于解决散打对抗时维和警察心理准备是否充分等问题，主要包括基本心理行为训练和综合心理行为训练。

第一节　基本心理行为训练

心理学既研究动物的心理也研究人的心理；既研究个体心理也研究团体和社会心理。心理学可以科学地预测心理现象，有效地控制心理现象并能从不同方面提高人的生活质量。心理学作为一门学科，在理论和实践上同样都具有重要意义，理论上科学正确的解释心理现象，通过科学的认识心理现象，可以引导人的心理健康发展，并且可以运用心理的规律去预测和控制心理现象，指导不同领域的实践。

了解、熟悉和掌握心理学基础知识，了解维和警察心理训练各类科目内容、方法及指标，掌握心理调适的方式方法，提高自我心理调节能力，培养健康心理和良好意志品质，能理论联系实际地开展工作，适应维和警察工作需要。

一、心理戒备状态

维和是一种高强度、高负荷、高风险的职业，维和警察在执行任务时，经常面临突如其来的危险，这就促使维和警察在现场处置时必须具有高度的心理戒备，只有经常把心理戒备意识记在心里，并运用于日常工作中，维和警察才能在突如其来的危险中从容应对、化险为夷，并顺利完成执勤任务。临战心理戒备共分为五个等级：白色、黄色、橙色、红色和黑色，颜色越深，表示危险程度越高，各等级对应的工作状态分别有以下五种，如表1–1所示。

表 1–1 心理戒备状态表

等级	状态
白色状态	无戒备状态
黄色状态	精神放松，但有警惕
橙色状态	进入戒备状态
红色状态	心理高度戒备状态
黑色状态	高度恐惧状态

白色状态：轻松自然，处于无工作压力状态，心理完全放松，维和警察不会产生紧张感，这是一种类似于在休闲度假时产生的理想状态。在这种状态下会感觉轻松快乐，但如果遭遇突袭则会措手不及。在这种心理状态下，维和警察对意外情况基本无思想准备，认为不会发生任何危险，对周围环境毫不在意，没有戒备心。然而，许多袭警事件就是在警察毫无戒备的情况下发生的。如果在执行任务时仍处于白色心理状态，对于维和警察来说就太危险了。

黄色状态：这是维和警察在进行工作时的临战心理状态，心理略微紧张，精神处于一定警觉状态。在这种状态下，维和警察会考虑到会有哪些潜在的危险可能发生，做到内紧外松，防范随时可能发生的意外。尽管实际工作中不会频频发生意外，但也要时刻保持警惕，因为意外往往是一触即发。当维和警察在值班、执勤等日常工作状态时，应使自己处于黄色警戒的临战心理状态。进入黄色临战心理状态时，维和警察要对当前所处的位置、建筑物、道路出入口以及涉及任务的基本状态保持清醒，并检查好警械和武器装备，熟悉其性能，保证警械、武器等装备随时可用。

橙色状态：这是维和警察在执行任务，赶赴现场处置各种情况时的临战心理状态，紧张感明显提高，警戒心理明显增强，意识中要对所处位置的事件进行预选评估，做好防范准备。在未完全掌握局势时，现场情况往往复杂多变，此时维和警察应保持高度的警戒状态，小心防范各种意外情况的发生，形成正确应对理念。在不同的执勤任务中，维和警察要采取的应对方案是不一样的，每名维和警察应具有稳定的正确的反应理念，形成稳定的系列心理行为反应模式。在橙色临战心理状态下，该做什么不该做什么，能做什么不能做什么，要做到心中有数。

红色状态：这是与敌对分子、犯罪嫌疑人、违法闹事人员等进行面对面战斗时的临战心理状态。这种情形，对方可能具备人数上、武器上的优势，对方群情激昂，气势上能与维和警察相抗衡，甚至强于警察。特别是当警察人数明显少于对方时，对方不但不把维和警察放在眼里，甚至会主动攻击执勤人员。一般而言，当维和警察进行案（事）件核心区域，接触涉案人员后，要根据警情做出反应并进入武器戒备状态，使自己处于有利的战术位置，同时口头命令，出枪戒备。在红色临战心理状态下，维和警察必须具有强烈的自我保护意识，及时向上级汇报，在对峙中保护好自己和搭档，随时做出自卫准备，必要时可以考虑使用致命武器。在进入一些高危地带的现场时，必须保持这种高度戒备状态，充分运用自己所掌握的警务技能、战术知识，尽可能使用所佩戴的装备制止对方，必要时甚至可以使用武器制止犯罪。在处置一般违法案件时，案情有可能转变为严重的暴力犯罪，那么维和警察的心理临战状态也要有橙色状态迅速转为红色状态，以适应新的警情。例如，在日常盘查中突然遭到歹徒持刀袭击，在调解日常纠纷中突然遇到当事人持刀砍人，在例行查控车辆中突然遭到持枪袭击等案情升级情况，要把临战心理状态迅速调整为红色状态。事实证明，训练有素的维和警察，在紧急危险关头会把紧张、害怕等消极情绪“屏蔽”，不去关注自己的负面情绪，而是积极寻找解决问题的方法。

黑色状态：这是维和警察陷入全面被动状态时的临战状态。比如，维和警察被对方持刀、枪逼住没有反抗的空间，搏斗中被对方捅伤或被对方击中，维和警察已经受伤倒地等，此时形势十分危急，局面被对方控制，随时都可能出现意外。在这种状态下，维和警察的精神处于高度紧张甚至恐惧状态，很多人往往不知如何应对，或盲目死拼，任由对方攻击。生死关头，维和警察一定要发挥平时训练有素的本领，激发顽强的求生意志，随机应变，灵活运用散打对抗技能，伺机找到突围自救的方法。假如受伤了，要知道舍弃硬拼，用智谋与对方周旋，在退守时自我保护，争取时间，等待支援。

二、维和警察临战心理规律

维和行动的突发性、紧急性和不确定性通常使维和警察处于一种应激状态。应激是指出乎意料的紧急情况所引起的情绪状态。此种情况下，人会有各种不同的表现。多数人在一般应激状态时思维特别清晰、活跃而明确，可以应付紧急情况。也有人活动抑制或完全紊乱，甚至可能发生感知、记忆错误，做出不适当的反应。应激状态下行动的正确与否，取决于外部刺激强度和持续时间长短等因素影响外，维和警察个性特点和平时的耐挫训练水平也起着至关重要的作用。对于维和警察而言，能否成功应对应激状态恰当处置各种紧急危险事件，主要靠日常个人心理优秀品质的养成以及实战能力的自我提高。此外，掌握一些临战心理调节方法也十分必要。常见的维和警察心理规律及运用如下：

（一）认知

认知过程是人对客观事物的认识活动，为了弄清客观事物的性质和规律而产生的心理活动。

1. 注意

是指心理活动对一定对象的指向和集中。如维和警察在对犯罪嫌疑人的守候监视过程中，需高度警觉，随时观察周围环境的变化及犯罪嫌疑人的行为，如果稍有分心就可能造成其乘隙溜掉。

2. 观察

是指有目的、有计划，比较持久的知觉，是人对现实感性认识的一种主动形式。维和警察在执勤过程中需随时观察，而观察的结果又可直接影响到执行行动的效果。

3. 记忆

是指过去经验在人脑中的反应。如维和警察在执行社区搜捕时，必须靠记忆在头脑中迅速牢固地储存犯罪嫌疑人的相貌特征、形态特征等，只有这样才能在复杂的环境中辨别出犯罪嫌疑人并将其抓获。

4. 想象

是指在人脑中对已有表象进行加工改造而创造形象的过程。如在谋划行动方案时，维和警察需要想象在执勤过程中犯罪分子可能采取的各种对抗行为等。

5. 思维

是指对客观事物间接的、概括的反映，所反映的是客观事物共同的、本质的特征和内在联系。一名优秀的维和警察需要具备良好的思维能力，只有保持敏捷的思维，才能在遇到突发事件时，做到临危不惧、处之泰然，并能依据情况的变化随时调节自己的心理状态，使智力、技能几块进入最佳状态，不失时机地进行有效处置。

（二）情感

情感，是指认识客观事物时满意或不满意、愉快或不愉快等态度体验。不同于认识过程，情感或情绪是人对客观事物的另一种反映形式，是人对客观事物与人的需要之间的关系的反映。

维和警察在执勤过程中，经常会遇到来自各方强烈的刺激，这就逐渐形成了维和警察的情绪情感特征，如明确的倾向性、良好的稳定性及较强的自控性。维和警察要有处变不惊的稳定情绪，必须能够有效地控制自己的思维和行为，摒弃消极情绪，保持沉着、冷静、乐观、积极的心理状态，做到不为一时的胜利而狂喜，也不为一时的挫折而沮丧。

（三）意志

意志，是指能够自觉地确定目的，并根据目的支配调节行动，从而实现预定目标的心理过程。

维和警察行动往往困难重重，需要不断地客服和排除，这就必须靠意志作支撑。意志品质的强弱极大地影响着行动效果，因此维和警察应当具有顽强的战斗精神、临危不惧的意志和坚韧不拔的耐力。意志品质的衡量标准包括自觉性、果断性、自治性及坚持性。维和警察要具有顽强的意志，必须具备不为难险而退缩、不因挫折而悲观、不为对方威胁而胆怯的健康心理，并且能在复杂危险的情况下，始终保持清醒的头脑，不断战胜自我，才能顺利完成任务。

（四）个性倾向性

个性倾向性是人进行活动基本动力，也是个性结构中最活跃的因素，表现在对认识和活动对象的趋向和选择性上。

1. 需要

是指生理和社会的要求在人脑中的反映，同人的活动密切联系，是人活动的基本动力。动机是一个人发动和维持活动的心理倾向。作为个性倾向性核心的需要和动机理论主要根据马斯洛需要层次论、佛隆期望理论等。维和警察应学会应用这些理论和方法来激发和调控自身需要动机的类型及强度，也可以用来研究犯罪嫌疑人的需求和动机，以提高维和警察行动的针对性和有效性。为提升工作的最大效率，维和警察在实战中应适当调节目标标准，不能企图过高，这对减轻心理压力，控制负面情绪，以及对于正确的认知、清晰地思维、果断地决策都是有帮助的。

2. 兴趣

是指人积极探究某种事物的认识倾向。维和是一种个人经济收益与付出不对称且危险系数极高但荣誉感强的职业，维和警察必须经过汗水、泪水的洗礼，在血与火的淬炼中磨炼自己。为此维和警察必须具有稳定的兴趣、正确的理想、坚定的信念和高尚的世界观，而由此产生的成就感和自豪感无疑是有益于任务达成的。

（五）个性心理特征

1. 气质

是指某个人典型地表现出心理过程的速度和稳定性、心理过程的强度以及心理活动的指向性等心理动态方面的特点。根据高级神经活动类型在人的行为和活动中的表现，可以把气质分为强而不平衡的类型、强而平衡且灵活的类型、强而平衡且不灵活的类型、弱型。气质是天生且具有的典型和稳定的心理特征，每一种气质既有它的积极方面，也有消极方面，气质只能影响人活动的一些风格，不会影响人的成就。维和行动十分复杂多变，既有面对攻击时的紧张，又有对峙中的忍耐和应变，还要保证决策上的严谨和周全。因此，可以对不同气质类型的维和警察进行合理编成，取长补短，相互协作，方能保证行动的顺利圆满完成。

2. 性格

是指一个人在个人生活过程中所形成的，对现实稳固的态度以及与之相对应的习惯行为方式等方面的个性心理特征。维和行动有其独特的特点，维和警察应当在长期的训练中逐渐形成期应有的性格特征，包括较强的自信心、机智勇敢、忍耐精神等。

3. 能力

是指直接影响活动的效率，使活动顺利完成的个性心理特征。维和警察除了必须具备一般警察应具备的逻辑思维能力、组织管理能力、心理承受能力以及心理适应能力外，在指挥协调、决断、谋划、应变等方面尤为重要。

（六）团体心理

团体也称群体或人群集合体，即指具有一定组织结构和共同目标，在心理上相互依存相互影响，并在行为上相互作用的人群集合体。对一个有战斗力的团体来说，组织的任务性功能和个体的维持性功能是同等重要的。团体对个体心理和行为的影响有从众行为、社会促进作用、社会规范作用等。

沟通是团体正常运作不可或缺的条件，有效地沟通特别需要注意避免沟通障碍。团体中的人际关系是可以测量的，良好的人际关系有助于团体目标任务的实现。维和行动中往往特别强调团体作战，这就需要再日常训练中分析队组特点，并运用相关心理规律加强队组的协同作战。

三、维和警察心理行为训练

心理素质，是指人在先天生理基础上个体与客观外界相互作用过程中产生、发展起来的比较稳定的心理特征、属性、品质。心理素质在人的成长过程中是不断得到提高的。心理素质，对知识、能力、体力的发挥有潜在的制约作用。良好的心理素质是维和警察完成任务的必要条件，是形成战斗力的重要因素。现代条件下的维和行动，突然、紧张、危险等刺激因素，给维和警察造成的心理负荷是空前的，尤其是维和警察大多是在恶劣条件下执勤，始终处于极度疲劳、高度紧张的精神状态。所以，要求维和警察具有良好的心理素质，能在高度紧张、危险、身负重伤、发生意外等情况下保持稳定的情绪和意志，不急躁，不悲观，临危不惧，镇定自若，能正常地、熟练地使用手中警械武器，并正确运用技战术，承受住任何考验。根据已有的研究发现，影响个人心理素质提高的因素主要包括：遗传因素、环境条件以及教育训练。所以维和警察的优秀素质不全是先天的，也不是一蹴而就的，除了维和警察选拔筛选外，应格外重视维和警察心理的培养与训练。

行为是有机体的反应系统，它由一系列反应动作和活动构成。行为不同于心理，但又和心理有着密切的联系。行为总是在一定的刺激下产生的，而且引起行为的刺激常常通过心理的中介而起作用。心理学研究的一条基本法则就是通过外部行为推测内部心理过程。在这个意义上，通过有意识有计划科学有效地蓄力外部行为反过来也会增强心理效应。维和警察心理行为训练是指为使防暴处突维和警察完成作战任务而必须具备一定心理素质的行为训练。

（一）心理行为训练科目内容

维和警察心理素质包括心理健康、心理角色与心理能量三个层次。心理健康层是维和警察作为一个正常心态人的基础，包括普通心理健康、职业心理健康及心理障碍矫正；心理角色层是维和警察职业所要求的一些特殊的心理技能，如敏锐的观察力、沉着的应变力等；心理能量层则是较高层次的要求，是维和警察个体的潜能激发及团队的集合战斗力。对应心理素质结构，维和警察心理行为训练科目构成包括基础科目、专项科目和综合科目三个部分。

1. 基础科目

基础科目的目标是心理健康的维护及心理障碍的矫正。主要任务是培养维和警察心理健康的维护和修复，矫正维和警察的心理障碍。

（1）普通心理健康，包括以下几方面：一是有足够的自我安全感；二是能充分地理解自己，并能对能力做出适当评价；三是生活理想切合实际；四是不脱离周围现实环境；五是能保持人格的完整和谐；六是具有从经验中学习的能力；七是能保持良好的人际关系；八是能适度地发泄情绪和控制情绪；九是在符合集体要求的前提下，能较好地发挥个性；十是在不违背社会规范的前提下，能恰当地满足个人的基本需求。

（2）职业心理健康，包括以下几方面：一是能够从心理上正确认识自己、接纳自己，具有较强的进取意识；二是能较好地适应现实环境；三是具有和谐的人际关系；四是具有较强的自我调节能力，能较好地协调与控制情绪；五是具有较强的服从和奉献意识；六是具有完整统一的“人格”。

（3）心理障碍矫正。维和警察实战时受到诸多因素的影响和制约，主要包括主体的主观因素和客观因素两方面。影响和制约维和警察的主观心理因素在行动中如果经常化的起作用，就会表现为一定的心理障碍。维和警察行动中常见的心理障碍主要存在于认知障碍如知觉的错误、记忆障碍、先入为主的思维定式、常见不疑的思维定式；情绪障碍如过度敌意、恻隐之心、冷漠麻木；不良人格如封闭人格、急功近利、投机取巧、关系阻碍；效应障碍如社会认知的效应、首因效应、晕轮效应等。

相应的矫正内容包括：一是增强维和警察的法制意识，改变认识。如进行必要的法制教育，向其讲明法律规定；提高对犯罪危害性的认识，有些由于认识水平低，认为犯罪与己无关，出现包庇、敬佩心理。二是建立高尚的维和情感，加强维和警察的道德感、爱憎感和理智感。有些维和警察由于缺乏科学、正确的世界观，对物质和精神关系存在着颠倒的认识，倒置了物质和精神关系，直至颠倒了对社会和人生的正确态度，结果导致行动中拖泥带水。对此，应因势利导地去启发觉悟。三是消除人格上的心理障碍。对于这样的维和警察，一要从思想教育入手，提高思想觉悟，增进法律意识，辨明是非，消除其侥幸心理的人生观、世界观。二是考虑是否可以继续让其参战或执行相关勤务。

当然，消除人格上的障碍，并非一朝一夕的事，但通过一定的教育培训，对维和警察行动必然会带来好处和帮助，这是毋庸置疑的。

2. 专项科目

专项科目的目标是培养训练维和警察特有的心理角色意识和技能。一是强化在各种困难复杂的条件下进行作战任务所需要的注意、感觉、知觉、想象、记忆、思维等心理素质，养成随时准备进行作战任务的心理习惯；二是强化勇敢、坚定、积极、顽强的心理素质，增强心理承受力，使之在任务紧张、意外、危急关头都保持坚韧顽强、无往不胜，具有较强的心理稳定性和应变力。具体科目如：一是注意训练。培养和提高其注意的广度、分配、转移及稳定性的保持。二是感知训练。培养和提高维和警察保持一定广度和稳定性的感知能力。三是观察训练。培养和提高维和警察敏锐准确地感知能力。四是思维训练。培养和提高维和警察科学的逻辑思维能力和丰富的形象思维能力，并训练集多种思维于一体的创造性思维能力。五是情感训练。培养和提高维和警察爱国、爱民情感和忠于职守的自豪感。六是意志训练。培养维和警察坚定、果敢、顽强的意志品质。七是动力和倾向性训练。培养和提高维和警察憎恶罪犯、尊重生命的理念。八是信心训练。培养和提高维和警察相信自己，相信集体，相信用我必胜的自信心。九是适应能力训练。培养和提高维和警察适应环境和在危急状态下的生存能力。十是承受能力训练。培养和提高维和警察对对象凶残反抗和恶劣环境的承受能力。十一是应变能力训练。培养和提高维和警察应激能力。十二是沟通协作能力训练。培养和提高维和警察沟通协作能力。

3. 综合科目

综合科目是在以上两级科目的基础上，力图激发维和警察个体的潜在能力，最大限度地挖掘维和警察团队实战战斗力。具体任务是强化积极的心理相容性和集体荣誉感，使之具有崇高的理想、高尚的情操、革命的情感、高昂的斗志、高度的协调性，最终形成一个精干、团结和有战斗力的团队。主要包括：一是缓压唤醒训练。培养和提高维和警察能够缓释压力、自我放松和激发潜能的能力。如音乐放松术等。二是团队心理训练。培养和提高维和警察集体观念和团结协作精神。如压力管理训练、人际沟通训练、团队协作训练和领导能力训练。三是战队心理训练。培养和提高维和警察仿真情境下实战的默契配合。

第二节 综合心理行为训练

综合心理行为训练是从维和警察散打对抗也就是实战对抗的角度出发，将徒手防控过程中可能用到的心理行为进行针对性训练，确保实战动作能够正常发挥。主要包括反应速度训练、提高自身意志力训练、应对突发事件训练、应对恐惧训练。

一、反应速度训练

反应速度在人的工作生活中有着十分重要的作用，尤其对于维和警察这个特殊职业来说更是如此。

维和工作纷繁复杂，当发生某种状况时，能及时采取相应行动，战胜对手或避免危险，这对维和警察的重要性是不言而喻的。在维和警察的实际工作中，特别是在处理突发事件时，个体的反应快慢和反应准确性就有可能影响到自己和他人的生命财产安全。

维和工作的实践要求加强维和警察的反应速度训练，而训练的目的就是为了在一定程度上提高维和警察在特殊反应速度，包括迅速性、准确性和稳定性，以便尽可能地减少物质损失和降低无畏的人员伤亡。

（一）反应速度

1. 反应速度的概念

所谓反应，就是有意识的应答行动，这种行动常以反应过程的形势表现出来。反应过程在时间上是一个短暂性的过程，是在最短时间内做完一定的系列动作，但它在心理结构上则可以分为反应的预备期、反应的中心期以及反应的结束期三个时期。

反应速度可以用从信号刺激呈现到应答动作开始之间所经历的时间长度来表示，这段时间长度是被消耗在中枢神经系统所发生的神经传导过程上的。它反映了人体对刺激发生反应的快慢。反应速度在很大程度上是由遗传因素决定的，即由神经反射通路的传导速度所决定，所以要想根本性地提高反应速度是相当困难的，但是可以通过专门的训练使个体受遗传因素影响的潜在的最快反应速度最大限度地表现出来并且稳定下来。有研究表明，受过专门训练的人比未经训练的人反应速度快。

2. 速度素质

速度素质是指人体进行快速运动的能力或在最短时间内完成某种活动的能力。按其在运动中的表现可以分为反应速度、动作速度和位移速度三种形式。第一，反应速度。反应速度是指有机体对各种外界信号刺激的快速应答能力。第二，动作速度。动作速度是指人体某一部分完成特定动作的移动速度。身体各部分的动作既可以相对于身体外部的参照物而言，也可以相对于身体其他部位而言；既可以是线速度，也可以是角速度。第三，位移速度。位移速度是指人体在特定方向上快速移动的能力，一般以单位时间里人体位移距离为评定指标。

正确区分着三种速度素质，对于维和警察训练工作有着十分重要的意义。如，在短跑训练中，某位练习者的成绩第一，但是通过进一步分析，我们发现他的起跑速度最慢，只不过是因为他在起跑后动作速度和位移速度快鱼其他人，所以才第一个冲过终点线。由于先天遗传因素和后天训练环境的不同，造成了人与人之间在反应速度上存在着一定的个人差异。

（二）反应速度训练的原则

反应速度的训练必须严格遵循一定的原则和要求，方能达到预期的效果。

1. 选择适宜的训练时间

反应速度从生理机制上来说取决于神经系统的反应速度、传导速度和对肌肉的支配能力，同时也与肌肉的结构和肌肉内部储存的能量有关。因此在进行反应速度训练时，必须考虑人体的神经兴奋性和肌肉是否疲劳。当人感到疲劳的时候，神经系统的兴奋性降低、肌肉的力量和弹性也都会降低，表现为动作反应迟钝、速度慢。如果在这种情况下安排速度训练，则不能取得预期的训练效果。但对于散打这种对抗项目来说要求个体必须连续不断地对外界信号刺激做出迅速反应。

因此就应该在人略感疲劳和非常疲劳时安排相应的训练内容。

2. 合理安排间歇时间

在反应速度训练中尤其是对肌肉运动能力的训练中要特别注意合理安排训练的间歇时间。研究表明，在完成持续20秒以内的短时间练习时，人体的能量主要靠ATP和CP直接分解供能，人体机构中储存的ATP和CP在这个时间内完全消耗，超过这个时间则进入由糖酵解供能。但是在20秒的练习后及时休息，则ATP和CP就会在很短时间内重新合成，再供肌肉运用使用。这个生理机制就决定了两个练习之间必须有足够的间歇时间。但从另一方面来说，这个间歇时间又不是越长越好，休息时间过长会降低神经的兴奋性，不利于提高练习的质量。因此掌握练习的间歇时间就要遵循这样的原则：在下一个练习开始时，人体内的能量已经得到足够的恢复，中枢神经系统保持合适的兴奋性，反应能力得到相对完全的恢复。

3. 训练要把握规律

训练中做到循序渐进、持之以恒，准确地了解反应速度训练的规律，有助于维和警察掌握训练的进程，以便确定下一步的训练强度和方法。反应速度的训练规律可以通过练习曲线表示出来。练习曲线是在连续多次的练习期间所发生的动作效率变化的图解。它以练习次数为横坐标，以反应时间为纵坐标，反映出反应速度练习过程中的某些共同规律：练习初期提高较快，经过一个阶段之后，成绩就上升得缓慢了；反应速度的提高时而加快而减慢，出现练习成绩的起伏现象；练习后期，出现成绩的暂时停顿现象，即所谓的“高原”现象；在训练的最后阶段，出现成绩的相对稳定，速度的上升相对地停滞下来，似乎达到了速度的“极限”。由此可见，反应速度的提高需要长期一劳永逸，而是应该循序渐进、持之以恒，使反应时逐步缩短，逐渐地提高反应速度。因此，训练内容要由易到难，心理训练设计的情境的刺激量也必须有小到大，不能急于求成，以免给受训者造成心理挫折和过度焦虑。

4. 注意力要集中

注意力集中可以使中枢神经系统处于适宜兴奋状态，使肌肉处于紧张待发状态。有研究表明，当注意力集中在要完成的动作上时的反应时间可以比肌肉处于松弛状态下的反应时间缩短60%左右。因此，在实际训练中要加强受训者的注意力集中程度，使其养成善于集中自己注意力的习惯，能做到在激烈复杂的情况中注意力不受内外环境中干扰因素的影响。

5. 训练符合实际需要

反应速度的训练要符合维和实战的要求。维和警察心理训练的目的在于为维和行动服务，因此训练计划的制定、内容和方法的选择和情景的设计都必须结合年龄、生理和心理状况及维和执勤的实际特点，以保持训练有效性。训练应该尽量与专项具体要求相结合，尽可能多地模拟实际工作中产生这些复杂反应的条件，并让受训者反复适应各种可能出现的环境，以便在工作实践中提高反应速度。

6. 采取多种训练手段，提高训练效果

在反应速度训练中应该避免过多的采用同一训练手段，那样会使受训者感到枯燥乏味，导致神经系统工作能力下降，从而影响训练的质量。维和警察要采用联系方法和手段，不断变换训练情景，调整受训者的神经兴奋性，使其在训练中始终保持较高的兴奋状态和兴趣。

7. 在训练中掌握动作技术

反应速度的提高在很大程度上取决于个体对信号刺激做出应答动作的熟练程度，动作越熟练，越能快速地对信号刺激做出反应，所以通过反复练习以提高动作的熟练程度十分重要。技术动作除了熟练以外，还要保证其正确性。

此外，在训练中还应注重对多种动作技能的培养，因为这样可以增加人脑中可供选择的应答动作的储备。为此，我们在训练中应该增加技术动作总量和战术方案、提高技术动作水平以保证受训者能够在变化无常的复杂情况下迅速做出正确的应答动作。

8. 对受训者反应的要求

从受训者反应要求上看，应避免出现过早或其他错误的反应。由于受训者总是希望尽快反应，因此他可能在刺激呈现之前就做出“反应”，尤其是在刺激与预备信号之间的时距保持恒定的情况下。针对这种情况，反应速度训练的标准程序应使每次呈现刺激前要略微改换一下这个时距的长度，以避免被试对“恒定时间”这一额外变量做出了错误的反应。区分快速的正确反应与抢先的“假反应”的有效措施是在训练中插入侦查试验，即给预备信号之后并不呈现刺激。

9. 选择反应数目需要与辨别的刺激数目相等

选择反应时间训练的要点是每一种反应必须是针对同它相应的预定刺激而做出的，否则就会出现训练紊乱，让受训者无法辨别训练已到何等程度。解决的办法是有几种刺激，就安排几种反应，每种反应只对应于其中某一特定的刺激。

10. 训练设计的法律道德要求

反应速度训练的设计特别是其中的一些模拟情境必须是可控制的，不得违反法律和社会公德，不得有损于受训者的身心健康。

（三）反应速度的训练内容

在维和工作中，许多任务的完成离不开维和警察的快速反应。如，维和警察在与嫌疑人搏斗或执行难紧急勤务任务时，许多应答动作必须在极短的时间内完成，否则很可能连自身的生命安全都不能保证。所以要想成为一名合格的维和警察，必须具备快速反应能力。

1. 感知觉能力的训练

感觉能力的训练目的是提高人体对外界信号刺激的感受性。感觉能力较多地取决于遗传因素，但是通过训练也可以取得一定的程度的提高。感觉能力的训练主要通过逐渐地减少某种当前刺激物对人的刺激量来改善感觉其器官的感受性。知觉能力的训练目的是提高人体对外界信号刺激整体的反应能力。它主要通过扩大人的知识面和丰富知觉经验来保证知觉选择性的准确、知觉理解性的合理、知觉整体性的周全和知觉恒常性的真实。

2. 信息加工能力的训练

反应速度中涉及的信息加工能力主要是指处理信息的速度，包括瞬间识别、判断、分析、选择等心理活动。信息加工能力与反应速度密切相关。如，散打是在迅速变化的条件下进行的，要求对抗双方时刻注意分析形势变化，揭示对方的战术意图，及时采取对策，调节自己的行动，这就需要有敏捷灵活的信息加工能力。提供信息加工能力除了做一些有针对性的练习外，还需要培养个人的实践经验，因此可以采用模拟训练的方法。在每一次训练之后，让受训者彼此之间交流经验心得、分析动作技术，可以提高以后在类似情形下的反应速度。

3. 肌肉运动能力的训练

反应速度的最终表现形式是应答动作的出现，这个动作是由效应器（肌肉、腺体等）完成的，因此肌肉运动能力的强弱直接关系到反应速度的快慢。这类训练可以参考体育训练中的一些方式方法，借以增强肌肉的力量、韧性和灵活性等。训练中的另一个关键内容是减少或消除多余的肌肉活动，这是缩短单一动作时间的主要方法。再有，在可能的情况下，在进行快速反应之前，最好做做热身运动，它能唤醒体内处于休眠状态的运动神经，有利于机体保持旺盛的精力和高度集中的注意力。而在剧烈运动之后，别忘了再做做伸展运动，它能使紧绷的肌肉恢复弹性。

4. 注意力稳定性的训练

机体完成任何一种动作都离不开注意这种心理活动参与。有研究表明，形成相应的运动定向比感觉定向更有助于动作的快速起动。训练个体注意力的稳定性主要是通过在训练中加入干扰因素来提高人的抗干扰能力。

5. 情绪调控能力的训练

保持必要的增力的情绪体验，消除减力的情绪状态，是保证反应速度充分发挥的主要因素之一。情绪调控能力的训练主要是通过暗示、念动等心理学上的方法来保持积极的情绪状态。

6. 丰富专业知识和经验的训练

头脑中储存的运动表象的完整性、清晰性和丰富性以及再认再现的迅速性和准确性是缩短反应时间的必要条件。知识经验丰富的人在记忆中储存有大量的刺激信号和应答动作的表象，因此，他的信息处理速度较快。丰富知识经验的方法主要通过模拟训练，使受训者感受散打对抗氛围，丰富实战经验，增强实际工作中的信心和判断能力。

二、提高自身意志力训练

人的意志力具有无法破解的神秘力量，尽管很多人对意志力的源泉、原理、功能、局限性以及其积极作用有着不同的看法，但所有人都认同这样一个看法，意志力是人类精神领域一个不可分割的组成部分，在我们的生命历程中，它发挥着异常重要的作用。意志力是一种自我引导的精神之力，它是指“进行自我指引的精神本身”，所有的意志力都对人们心理和身体上的行为产生一种附加的心理引导，思想和躯体对意志的认可就是意志力的外在表现。从广义上说，可以将意志力定义为选择一个人应该做什么的力量。训练旨在培养维和警察控制和提高自身意志力的能力。

（一）训练的要素

训练的任务和目的：学会控制自身意志力。

训练达到的目标：通过反复练习使维和警察能够较为熟练地控制自身意志力，提高综合心理素质。

训练的场地、器材及人员要求：训练对场地、人员和器材都没有特殊要求。

训练的规则与要求：没有特殊的规则与要求。

训练的基本过程：选择一个舒适、安静的环境，心情放松。

训练的时间：根据自身情况而定，无特定时间要求。

（二）训练的基本内容和方法

1. 感情心境训练

（1）在没有经过细致周到的考虑之前，永远不要屈服于一时的心软。

（2）在生成某种情感的过程中，一定要确保自己完全没有错误的欲念、恐惧、厌恶、偏见等成见和偏颇的观点。

（3）无论何时何地，都不要让一时冲动的感情突然爆发。

（4）让情感随时处于积极、兴奋而理智的状态，要对它加以很好的控制。

2. 精力心境训练

（1）尽全力寻找机会来强化下定决心的意识。

（2）努力让自己保持一种坚决、全神贯注的精神状态。

（3）无论出现何种情况，一定要牢牢控制好自己的精力。

（4）如果没有做到深思熟虑，也没有找到充分而有说服力的理由，就不要让精力突然爆发。

（5）所有的活动都要投入大量精力。

（6）把精力用于实现生活的长远目标。

3. 决断的心境训练

（1）如有没有对所有的事情事先做出决断，就一定要深思熟虑。

（2）培养决断能力，从各种各样的小事开始。

（3）不断努力去减少做出决断所需要的时间，做任何事情要尽可能迅速。

（4）一旦做出决定，就不要拖延，马上着手做已经决定了的事情。

（5）一定要把决断和精力联系起来。

4. 持之以恒的心境训练

（1）做事要考虑代价。

（2）不断在内心对自己重复所做出的决定。

（3）永远也不要长时间地顾虑可能出现的困难。

（4）使目标保持在触手可及的范围。

（5）在努力的过程中，保持精力充沛。决定就像不停敲击的斧头，钉子一定要被牢牢地钉下去。

（6）把每一步或每个阶段本身看作目标。以行动做出回答，事情就已经完成了。

5. 领会与推理的心境训练

（1）要知道在做这件事情时需要面临什么样的问题。

（2）要知道失败或失败意味着什么。

（3）了解自己的弱点和优点。

（4）对如何开展要做的事要一清二楚。

（5）详细了解一件事情的来龙去脉，并且要有充分的理由。

6. 正直的心境训练

（1）保持对自己和别人的信任。

（2）诚实对待自己，而且要绝对地诚实。

（3）决不允许自己做出自欺欺人的判断。

（4）无论在何种情况下，总是设身处地地为别人着想。

对自己确定的目标一定要全力以赴，必须要用洞察力来考察，用推理能力和想象力来预测将来的可能性，用判断力来决断，用行动来收集及决策所需要的材料，用自我克制和坚韧来把自己已经确定的事情完成。

三、应对突发事件训练

在工作和生活中，每个人都可能遭遇突发事件。有些人能应付自如，有些人则会措手不及。造成这种差别的原因就在于我们是否具有应对突发事件的能力，包括对突发事件的心理承受能力和行为控制能力。心理承受能力很强的人在遇到生活或工作中的突发事件时，往往能够很好地应对和处理；而心理承受能力较弱的人面对突发事件时则容易陷入极度的混乱和悲痛之中，严重者甚至会因此而产生心理障碍或心理疾病。可见，对维和警察进行心理承受能力的训练非常重要。

（一）允许自己悲痛

如果我们最近遭遇了不幸的突发事件，悲痛其实是再自然不过的事。但似乎一般人都认为悲痛是个负面词语，它描述可怕的事情，它不是什么值得骄傲的东西，都希望它尽快消失。该项训练的目的就是要让受训者把悲痛从“不该发生的事情”的条目中剔除，把它看作维和警察能够爱的表现。通过训练，让维和警察允许自身悲痛，并进而控制悲痛，达到提高应对生活中突发事件的能力的目的。

（二）哭的设计

有时候面对突发事件或突如其来的变故，“哭”是最好的宣泄方式。它可以使维和警察在大哭一场之后，从原不能承受住的悲痛中慢慢恢复过来，无形之中也提高了维和警察的心理承受能力。该项目是专门为了消除受训者的恐惧、幻想和对哭的抑制而设计的。通过哭的训练，加强心理承受能力的防线。

四、应对恐惧训练

恐惧是一种消极的心理体验，通常会带给人以不舒适的主题感受。

所谓满灌干预又称暴露干预、冲击干预和快速脱敏干预，它是强制被试直接接触引起恐惧的情境，坚持到恐惧反应消失的一种快速行为干预方法。该法的理论假设是：正是当事人对恐惧对象的回避和逃避成了他们内心焦虑、紧张的强化物，如果他们敢于面对所恐惧的对象并坚持足够长的时间，则恐惧就会减轻。对当事人冲击越突然，时间越持久，当事人的情绪反应越强烈，这样才能成为满灌。迅速向当事人呈现让他害怕的刺激，并坚持到他对此刺激习以为常，是不同形式的满灌技术的特征。经过训练之后，维和警察再次面对原先的恐惧对象时将不再产生恐惧的心理体验。

（一）规则与要求

教官在干预前要向维和警察说明干预技术带来的焦虑是无害的。只有当维和警察体验到严重的紧张、焦虑，面对恐惧忍耐1小时以上，恐惧、焦虑才能消除。训练进行中，维和警察会出现严重焦虑，如战栗、恶心、心跳加快、呼吸困难，甚至出现晕厥征兆。此时，教官要设法鼓励维和警察挺住，不许回避，否则会加重恐惧，导致干预失败。

（二）基本方法

教官鼓励维和警察想象最令其恐惧的场景；教官在一边反复具体地讲述最令维和警察害怕的情境及细节；教官用录像或幻灯片放映最令维和警察恐惧的场景；直接让维和警察置身于情境之中，与最令他恐惧的真实对象接触。

第二章 维和警察散打训练的准备活动

准备活动是开始散打训练的前提，充分、有效的准备活动即能减少训练中受伤情况的出现，也能使维和警察更快地投入到训练中。

第一节 关节操

关节操是正式训练前必不可少的身体活动，是人体由安静状态向兴奋状态逐渐过渡的一个过程。充分的关节操活动可有效提高维和警察训练水平，避免训练损伤的发生。

一、颈部运动

颈部运动主要是通过颈部向前、向后、向左、向右以及两侧的运动来达到对颈部的充分活动和拉伸。

（一）向前、向后、向左、向右拉伸（见图 2–1）

动作要领：维和警察自然站立，两腿分开（与肩同宽），双手叉腰，两眼目视前方，以颈部为轴，做向前、向后、向左、向右的拉伸运动。

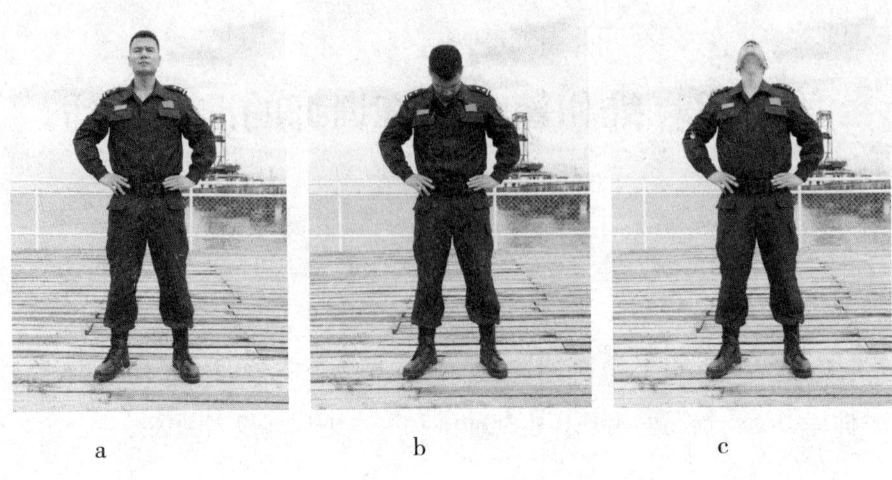

a b c

d e

图2-1 向前、向后、向左、向右拉伸

要求：动作要慢，用力不要过大，做到充分拉伸。

（二）左、右两侧拉伸（见图 2-2）

动作要领：维和警察自然站立，两腿分开（与肩同宽），双手叉腰，两眼目视前方，以颈部为轴，分别向左后侧、右后侧转动，到达极限后停留10秒。

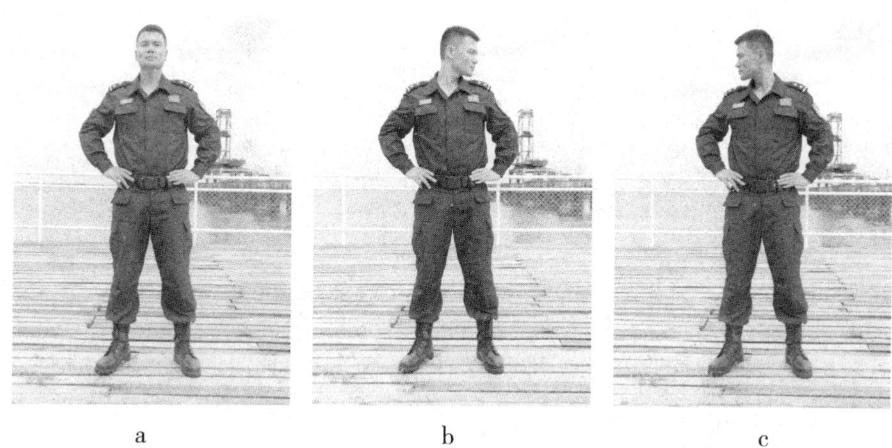

a b c

图2–2 左、右两侧拉伸

要求：身体正直，挺胸，抬头，切记不要猛发力。

二、上肢运动

（一）扩胸、振臂运动（见图2–3）

动作要领：维和警察身体自然站立，两脚分开与肩同宽。两臂胸前平屈后振，掌心向下；而后两臂伸直打开，掌心向上。随后，两臂经体侧上举后振，掌心向前；两臂垂下后振，掌心向后。

a b

a

b

图2-3　扩胸、振臂运动

要求：手臂伸直，注意每个节拍掌心方向，动作协调，适当用力。

（二）锁臂拉肩（图 2-4）

动作要领：两脚分开平行站立与肩同宽，抬右臂伸直放于胸前，左臂弯曲锁扣右臂，自外向内振拉右臂。左臂动作同右臂动作要领，方向相反。

a

b

图2-4　锁臂拉肩

要求：拉伸时，手臂伸直放于胸前。

（三）合手拉肩（见图 2-5）

动作要领：两脚分开平行站立与肩同宽，曲左臂向上，屈右臂放于脑后，左手抓握右手向下做拉肩运动。左手动作同右手动作，方向相反。

a

b

图2–5 合手拉肩

要求：挺胸抬头，切莫弯腰。

三、腰腹运动

通过前、后、左、右动作的拉伸达到对腰腹部位的充分活动。

（一）左右转体拉伸（见图2–6）

动作要领：维和警察自然站立，两脚分开与肩同宽，两手平举五指交叉置于胸前。身体向左侧转动，然后返回原位向另一侧做相同动作。

a

b

c

图2–6 左右转体拉伸

要求：向左、右两侧拉伸时动作要做到位。

（二）前屈后仰拉伸（见图 2-7）

动作要领：维和警察自然站立，两脚分开与肩同宽，双手叉腰，向前、向下弯腰直到自己的极限，坚持10秒后回位再向后做弯腰动作。

a　　b　　c

图2-7　前屈后仰拉伸

要求：切记练习时，腿部保持正直，不弯曲。

四、下肢运动

（一）膝关节运动（见图 2-8）

动作要领：维和警察自然站立，两脚分开与肩同宽，两膝微屈，手指自然收拢，放在两膝上，做揉捏动作，随后进行蹲起动作。

a　　b

图2-8　膝关节运动

要求：充分揉捏，慢蹲慢起。

（二）弓步压腿（见图2-9）

动作要领：维和警察两脚平著于地面，脚拇指用力紧扣，前腿弓后腿蹬（膝盖蹬直），上身与膝盖同一个方向，保持正直，前脚尖微向内扣，心身放松。同时，两手臂抬起做平举动作，到达极限位置后停留10秒，换另一侧，动作相同。

a

b

图2-9 弓步压腿

要求：弓步时，膝盖不可超过脚尖。

（三）仆步压腿（见图2-10）

动作要领：维和警察右脚向左跨出适当距离，屈膝下蹲，身体重心落于两脚，右脚与地面垂直，左脚全脚掌着地，做振压运动，然后左手拉紧左腿做静压耗腿10秒。右仆步压腿以同样的方法进行练习。

a

b

图2-10 仆步压腿

要求：两腿左右分开，两脚距离约脚长的四至五倍，一腿屈膝全蹲，膝部与脚尖外展；另一腿伸直平仆，接近地面，两脚全脚着地。

（四）抱腿提膝（见图2-11）

动作要领：维和警察自然站立，抬左膝上提，两手抱膝向上抬起，到达极限位置停留10秒。而后换右侧，同左侧动作。

a　　b

图2-11　抱腿提膝

要求：支撑腿保持正直，不弯曲。

（五）折叠腿（见图2-12）

动作要领：维和警察自然站立，重心移至右腿，左小腿向后屈。同时，左手扶握左脚尖辅助向后用力，到达极限位置后停留10秒，换右腿，同左腿动作。

a　　b

图2-12　折叠腿

要求：支撑腿保持正直，身体不前倾。

（六）腕、踝关节运动（见图 2–13）

动作要领：维和警察两手交叉自然置于胸前，右脚脚尖着地，脚腕手腕自然放松，按照顺、逆时针方向绕环。然后换右脚，动作与左脚相同。

a

b

图2–13 腕、踝关节运动

要求：关节放松，充分拉伸。

五、热身运动

身体的各关节活动完毕后，就要进行热身运动。主要以跑步为主，开始时先进行慢跑，然后进行各种移动过程中的各种协调动作的练习，比如：小步跑、前踢跑、交叉步、后退跑、高抬腿跑等等，最后再进行几次中强度的快速跑，逐渐加快身体的血液循环，提升维和警察的训练情绪，使其逐渐进入训练状态。同时，为了提高训练的趣味性，在热身运动中也可以适当地穿插一些游戏练习，比如："贴人游戏""网鱼"等，如图2–14所示。

a

b

图2-14　游戏练习

第二节　柔韧练习

柔韧练习可以增强韧带和肌肉的伸展能力，加大关节活动范围，增强身体的柔韧性。

一、腿部练习

（一）正压腿（见图 2-15）

动作要领：维和警察面对垒木站立，将右腿放至垒木相应的位置上，髋部后坐，臀部要平，膝部挺直，右腿脚尖向上并有意识地向回勾扣，上身用力向前移动，使右腿成一直线，做压振运动，振幅可逐渐加大。左腿动作同右腿。

a

b

图2-15　正压腿

要求：支撑腿挺直，被压腿保持正直。

（二）侧压腿（见图 2–16）

动作要领：维和警察身体侧对肋木站立，左腿支撑，脚尖向外，右脚内侧平放横杆上，勾脚、开胯，左腿弯曲，左手放到左膝上，向下做侧压振运动，然后到达最低点后静压耗腿10秒；左腿动作同右腿动作。

a

b

图2–16 侧压腿

要求：被压腿要保持正直，不得弯曲。

二、肩部练习

（一）正压肩（见图 2–17）

动作要领：维和警察两腿分开面对肋木站立，上体前俯，同时举双臂伸直放于横木，抬头、挺胸、塌腰、翘臀，肩部做振压运动，而后静压10秒。

a

图2–17 正压肩

要求：手臂伸直，两腿挺直。

（二）反拉肩（见图 2-18）

动作要领：维和警察双手放到背后，拉直手臂，将手尽量抬高，头部向前弯曲。动作视情况逐渐加大，最后静压10秒。

b

图2-18 反拉肩

要求：两腿挺直，头部向前向下逐渐弯曲。

三、腰部练习

（一）前俯腰（见图 2-19）

动作要领：维和警察并步站立，双臂上举，自然交叉，翻腕手心朝上，身体前俯，双臂做压振运动，两手尽量着地，双手抱于踝关节静压10秒；而后两腿分开，分别向左、右两侧做抱腿静压动作。

a

b

c

图2-19 前俯腰

要求：拉伸时腰部保持放松。

（二）后俯腰（见图 2-20）

动作要领：维和警察两腿左右开立，双手扶于腰部，身体后仰，振压数次，振幅可逐渐加大。初练者可在助手的帮助下进行练习。

图2-20 后俯腰

要求：振幅适度增大。

第三节　踢腿运动

踢动练习是柔韧练习的一种延伸，通过踢腿可以增强维和警察肌肉和韧带的韧性和弹性，提高动作的质量，预防或减少训练过程中出现的身体受伤现象。

一、正踢腿

动作要领：维和警察自然站立，两臂侧平举，右脚向前上半步，右脚支撑，左脚脚尖勾起，以髋关节为轴，直腿向头顶方向快速踢起；左脚上步，右脚以同样的方式快速踢起，如图2–21所示。

a

b

c

图2–21　正踢腿

要求：抬头挺胸，直腿上踢要有弹性。

二、侧踢腿（见图 2–22）

动作要领：维和警察侧身自然站立，两臂侧平举，右脚向前上步，脚外展，同时屈左臂放于胸前，右臂上举亮掌，左腿随即勾脚，直膝上踢；右腿动作同左腿动作，方向相反。

a　　　　b

图 2–22 侧踢腿

要求：挺胸抬头，展髋。

三、里合腿（见图 2–23）

动作要领：维和警察正面自然站立。在右脚向前上半步的同时，左腿随即勾脚，直膝上踢至最高点时，身体内旋，扣髋、左腿下压，落于右脚同侧；右腿动作同左腿动作，方向相反。

a　　　　b

图 2–23 里合腿

要求：挺胸抬头，向前时脚稍外翻，扣髋，里合幅度要大。

四、外摆腿（见图 2–24）

动作要领：外摆腿与里合腿在动作上正好相反。维和警察在右脚向前上半步的同时，右腿随即勾脚，直膝上踢至最高点时，展髋下压；右腿动作同左腿动作，方向相反。

a

b

c

d

图 2–24　外摆腿

要求：抬头挺胸，展髋，外摆幅度要大。

第三章　维和警察散打训练的基础技术

武术散打的基础技术，是维和警察在实战中完成进攻与防守动作的基础技术，主要包括实战姿势、移动步法以及倒地技术等。

第一节　移动步法

一、实战姿势（见图3–1）

实战姿势是维和警察进行散打对抗的预备姿势，其姿势结构主要取决于是否便于进攻、防守以及身体移动。

动作过程：维和警察立正站立，右脚（强脚）向右后方撤出一大步（距离与肩同宽），侧身站立，左脚稍内扣，右脚尖稍向外；两膝微屈，重心落于两腿之间；双手握拳，左前右（强手）后；左臂弯曲，肘关节夹角约90度，左拳约与鼻同高；右手臂弯曲紧贴右侧肋部，右拳护于下颌的右侧；收腹含胸，下颌微收，闭嘴合齿，目视前方。

a

b

图3-1　实战姿势

易犯错误：手部防护不到位；身体重心不平衡，容易出现重心过低、前倾或后倾动作。

纠正方法：强调步法移动灵活，重心控制在两腿之间；两手做好防护，缩小暴露给对方打击的有效部位。

二、移动步法

移动步法，是散打对抗技术的组成部分，它不同于日常生活中走、跑的移动，而是一种符合散打对抗要求的专门的步法动作，在散打对抗中为了完成进攻与防守，利用准确、迅速地步法来调整距离和寻找时机。

动作过程：维和警察实战姿势站立，一脚向前、后方向滑进或后退半步，另一脚跟进后，两脚保持起初距离，控制好身体平衡。

（一）前滑步（见图 3-2）

动作过程：维和警察实战姿势站立，左脚向前滑进半步，右脚随即跟进，两脚保持起初距离，控制好身体平衡。

a

b

c

图3-2 前滑步

易犯错误：上步时身体前倾，两脚之间的距离或大或小，出现身体失衡。

纠正方法：强调实战姿势的一致性，上步时保持好身体重心，上体随步法同时移动，恢复动作后两脚与起初实战姿势的距离一致。

（二）后撤步（见图 3-3）

动作过程：维和警察实战姿势站立，右脚向后撤半步，左脚随即跟进，两脚保持起初距离，控制好身体平衡。

a

b

左脚后撤，恢复原动作。

c

图3-3 后撤步

易犯错误：撤步距离或大或小，上体不能及时调整位置，出现身体失衡。

纠正方法：强调实战姿势的一致性，后撤步是上体随脚步随时调整，保持好身体重心。

（三）左移动（见图 3-4）

动作过程：维和警察实战姿势站立，左脚向左侧移动半步，右脚随即跟进，调整好身体重心，控制好身体平衡。

a

b

c

图3-4 左移动

易犯错误：向左移动的距离或大或小，出现身体失衡。

纠正方法：强调实战姿势的一致性，两脚切记在一条直线上。

（四）右移动（见图 3-5）

动作过程：维和警察实战姿势站立，右脚向右侧移动半步，左脚随即跟进，调整好身体重心，控制好身体平衡。

a

b

c

图3-5 右移动

易犯错误：向右移动的距离或大或小，出现身体失衡。

纠正方法：强调实战姿势的一致性，保持好身体重心，恢复动作后两脚与起初实战姿势的距离一致。

第二节 倒地技术

倒地技术，是维和警察进行自我保护的一项基本技术，主要包括前倒、后倒、侧倒、前滚翻以及后滚翻等。

一、前倒技术（见图3–6）

动作过程：维和警察自然站立，上体前倒；同时闭气，两臂摆伸，顺势双手撑地，曲臂缓冲。

a

b

c

图3-6 前倒技术

易犯错误：两腿弯曲，膝盖先着地。

纠正方法：前倒过程中，身体始终保持挺直。

二、后倒技术（见图3-7）

动作过程：两腿屈膝半蹲，上身稍前倾，身体下坐，滚动后倒；以臀部、腰背依次滚动触地，在滚动的同时两手掌拍地缓冲。

a

b

c

图3-7 后倒技术

易犯错误：身体后坐时，臀部落地重。

纠正方法：落地的过程中团身，做好身体的缓冲。

三、侧倒技术（见图 3–8）

动作过程：维和警察自然站立，两腿屈膝下蹲，右腿摆起，身体向右侧倾倒；倾倒过程中，左手快速放在腹部，右腿快速向前擦地滑伸，右手在身体接触地面前一瞬间快速拍击地面缓冲。左侧倒动作过程同右侧倒。

a

b

图3–8 侧倒技术

易犯错误：上体与下体脱节。

纠正方法：强调动作的整体性，腰部始终保持合力。

四、前滚翻技术（见图 3–9）

动作过程：维和警察自然站立，两腿屈膝下蹲；双手撑地，重心移至两手；两脚蹬地，同时提臀、曲臂、低头、团身向前滚动；身体随着惯性站起。

a

b

c

图3–9 前滚翻技术

易犯错误：头部垂直着地，造成颈部受伤；

纠正方法：强调在滚翻时两腿蹬地和团身动作同时进行。

五、后滚翻技术（见图 3–10）

动作过程：维和警察自然站立，两腿屈膝下蹲，双手向后撑地；含胸、低头、团身快速后倒，经臂、腰、肩、后脑以此向后滚动。身体随着惯性蹲立在站起。

a b

c

图3-10 后滚翻技术

易犯错误：身体不容易翻滚过去；

纠正方法：强调动作一致性，在向后滚动的同时要借助惯性使自己站起。

第四章 拳法的基本动作及实战运用

拳法是散打技术中的重要组成部分，在实战中主要在近距离和中距离使用，主要分为直拳、摆拳和勾拳。

第一节 直拳

直拳是散打技术中的重要拳法之一，属直线型进攻拳法。它预兆小、动作突然，是一种进攻性很强的拳法。

一、左直拳（见图4–1）

动作过程：维和警察实战姿势站立，以左脚前脚掌为轴，蹬地内扣的同时，转腰送肩，左臂由屈到伸并内旋，直线向前冲出，力达拳面；完毕后身体左转，沉肘顺势收回成实战姿势。

a

b

图4–1 左直拳

动作要点：保持蹬地、转腰、送肩出拳动作的协调性。

易犯错误：出现撩拳动作。

纠正方法：强调以拳为先，用拳引领手臂向前，勿先动肘。

提示：左直拳，变化多、速度快，在实战中可用来主动进攻，也可用来防守反击，但它最主要的还是用来干扰对方，为其他动作做好掩护。

练习方法：

1. 原地练习法

第一步：在熟练掌握动作要领的基础上，重点掌握蹬地、转腰、送肩这一连串动作的协调配合，然后体会发力以及发力时的“击打”意识，这也是左直拳的核心技术。

第二步：做完击打动作后，体会拳法的回收。在训练中，要体现散打动作的协调配合做到快打快收，才能产生强大的击打力。

第三步：手靶练习，如图4–2所示。手靶练习需要两人的协同配合，持靶人一定要会持靶、持“好”靶。持靶人实战姿势站立，靶面正对打靶人。当左直拳击打拳面时，持靶人要顶住对方的击打，稍微给靶一点力，使其确实打在靶面上。

a

b

图4–2　手靶练习

2. 移动练习法

第一步：徒手练习。

结合前进步法的练习，如图4–3所示。

a　　　　　　b

c

图4–3　徒手练习（进步法）

结合后撤步法的练习，如图4–4所示。

a　　　　　　b

c

图4-4　徒手练习（撤步法）

提示：熟练掌握前进步和后撤步左直拳的练习后，做到前进、后退转换自如。

第二步：结合手靶的练习

结合前进步左直拳打靶练习，如图4-5所示。

a

b

c

图4-5　前进步左直拳打靶练习

结合后撤步左直拳打靶练习，如图4–6所示。

a

b

c

图4–6　后撤步左直拳打靶练习

提示：由于拳法实战运用在练习方法方面基本一致，所以在介绍完直拳的实战运用的练习方法后，后面就不再重复说明了。

实战运用：

1. 击打有效部位

分别击打对方腹部、胸部以及头部如图4–7所示。

a

b

c

图4–7　击打有效部位

从上图可以看出，击打的有效部位主要是人体最薄弱、最不抗击打的部位。

2. 防守技术

（1）拍挡防守法（见图4–8）。

当对方用左直拳进攻我方时，我方用右手横向拍击对方手腕外侧，使其改变方向。

图4–8　拍挡防守法

（2）躲闪防守法（见图4–9）。

当对方用左直拳进攻我方时，我方采用身体左侧闪或者右侧闪、后闪动作避开对方的进攻。

a

b

c

图4-9 躲闪防守法

3. 防守反击技术

（1）拍挡防守反击法（见图4-10）。

拍档后分别使用右直拳、右摆拳或者右勾拳等动作进行反击。

a

b

c

d

图4-10　拍挡防守反击法

（2）躲闪防守反击法

左侧闪防守反击（见图4-11）。侧闪后，使用左直拳进行反击。

a

b

图4-11　左侧闪防守反击

右侧闪防守反击（见图4-12）。侧闪后，使用左摆拳或右勾拳进行反击。

a

b

c

图4–12 右侧闪防守反击

后闪防守反击技术（见图4–13）。后闪后，分别使用左直拳或右直拳等动作进行反击。

a b

c

图4–13 后闪防守反击技术

二、右直拳（见图 4–14）

动作过程：维和警察实战姿势站立，右脚蹬地并以前脚掌向内旋，转髋送肩，身体左转；右手臂由屈到伸并内旋，直线将拳送出，力达拳面；身体右转，手臂顺势收回，动作还原。

a

b

图4–14　右直拳

动作要点：用力蹬地，快速出拳。

易犯错误：出拳时，身体过于前倾。

纠正方法：强调不断体会转腰送髋的动作要领。

提示：右直拳，力量大、隐蔽性好，在实战中常常将对手击晕甚至击倒，起到出奇制胜或威慑的作用，很多维和警察都把它作为自己的“杀手锏”来练习。

练习方法：

1. 原地练习法

第一步：原地体会右脚蹬地、转髋、送肩、出拳的连贯动作。

第二步：掌握发力与右脚的蹬转协调统一。

第三步：手靶练习，在打手靶的过程中，要准确把握击打点位置，如图4–15所示。

a b

图4–15 手靶练习

1. 移动练习法

（1）徒手练习法

结合前进步的练习方法，如图4–16所示。

a b c d

图4–16 前进步徒手练习法

结合后撤步的练习方法，如图4–17所示。

a　　b

c　　d

图4–17　后撤步徒手练习法

（2）持手靶练习法

结合前进步的练习方法，如图4–18所示。

a　　b

c

图4-18 前进步持手靶练习法

结合后撤步的练习方法，如图4-19所示。

a　　　　b

c

图4-19 后撤步持手靶练习法

提示：在结合前进步进行练习时，维和警察一定要注意右脚跟进时有一个空中转髋的动作。

实战运用：

1. 击打有效部位（见图4–20）。

击打对方腹部、胸部以及头部三个部位。

a

b

c

图4–20　击打有效部位

2. 防守技术

（1）拍挡防守法（见图4–21）。当对方用右直拳进攻我方时，我方用左手横向拍击对方手腕外侧，使其改变方向。

a

b

图4–21　拍挡防守法

（2）躲闪防守法（见图4–22）。当对方用右直拳进攻我方时，我方采用身体左侧闪、右侧闪或者后闪动作避开对方的进攻。

a

b

c

图4–22 躲闪防守法

3. 防守反击技术

（1）拍挡防守反击法（见图4–23）。拍档后，可使用右摆拳、右直拳以及右勾拳等动作进行反击。

a

b

c

d

图4–23　拍挡防守反击法

（2）躲闪防守反击法

左侧闪防守反击（见图4–24）。侧闪后使用左勾拳或者右直拳等动作进行反击。

a

b

c

图4–24　左侧闪防守反击

右侧闪防守反击（见图4–25）。侧闪后，使用左摆拳或右勾拳等动作进行反击。

a

b

c

图4–25 右侧闪防守反击

后闪防守反击（见图4–26）。后闪后，使用左直拳或右直拳等动作进行反击。

a

b

c

图4-26 后闪防守反击

第二节 摆拳

摆拳是散打技法中重要的拳法之一，属于弧形进攻拳法。它动作突然、力量大，同样是维和警察在实战中常用的一种攻击性很强的拳法。

一、左摆拳（见图4-27）

动作过程：维和警察实战姿势站立，左脚微蹬地、转髋发力，同时向前、向外、向内出左拳，手臂微屈，拳心朝下，成平面弧形击打，力达拳面；身体左转，左臂沉肘顺势收回，动作还原。

a

b

图4-27 左摆拳

动作要点：发力时，肘部微抬，使肩、肘、腕成水平。

易犯错误：过早翻肘，出现甩拳动作。

纠正方法：由维和警察帮助，一手拉拳，一手按肘，或者维和警察面对镜子观察动作路线，纠正翻肘的错误动作。

提示：左摆拳变线突然，在实战出拳的过程中往往使对手不可预判，起到突然袭击的效果。

练习方法：

第一步：熟练掌握动作要领，原地分解体会，特别是身体内旋带动左臂以肘关节为轴画弧发力的过程。

第二步：体会连贯动作的协调配合，以及动作回收；熟练掌握连贯动作后结合步法进行移动练习。

第三步：手靶练习方法。先进行原地的动作练习，而后在逐渐过渡到移动中的练习。

提示：进行左摆拳手靶练习时，当对方击打时，持靶人要横向给靶一个力。

实战运用：

1. 击打有效部位

击打有效部位（见图4–28）。击打对方下颌及太阳穴部位。

a

b

图4–28　击打有效部位

2. 防守技术

（1）挂挡防守法（见图4–29）。当对方用左摆拳攻击我方时，我方左脚上前半步，含胸；右臂收紧、由下上挂，贴紧于头部外侧，用手臂的外侧和拳背保护头部。

图4–29 挂挡防守法

（2）摇闪防守法（见图4–30）。当对方用左摆拳攻击我方时，我方采用重心下移，身体摇闪动作，避开对方的攻击。

a

b

图4–30 摇闪防守法

3. 防守反击技术

（1）挂挡防守反击技术（见图4–31）。挂挡后，分别采用左直拳、左摆拳或左勾拳等动作进行反击。

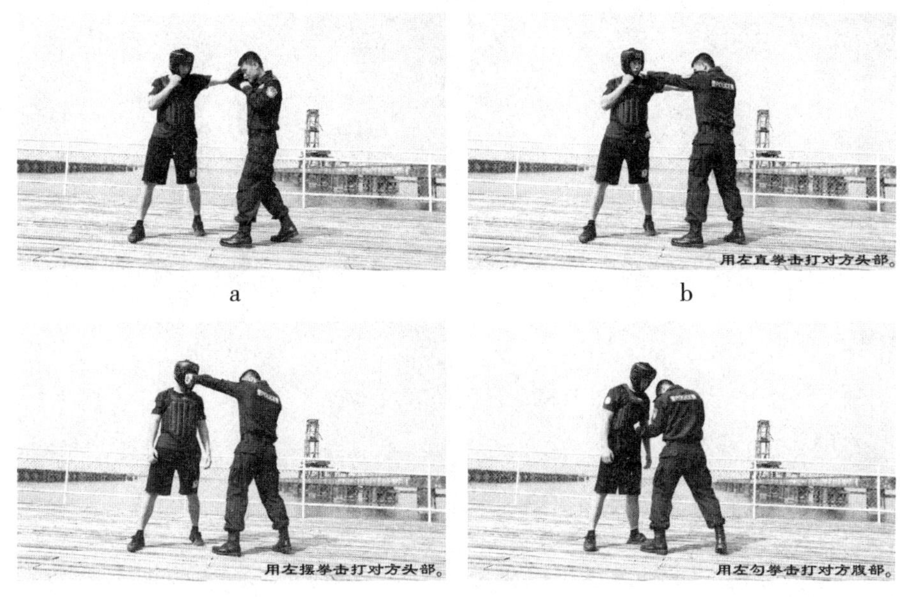

a　b　c　d

图4-31　挂挡防守反击技术

（2）摇闪防守反击技术（见图4-32）。摇闪后，分别采用左摆拳、右摆拳或者右勾拳等动作进行反击。

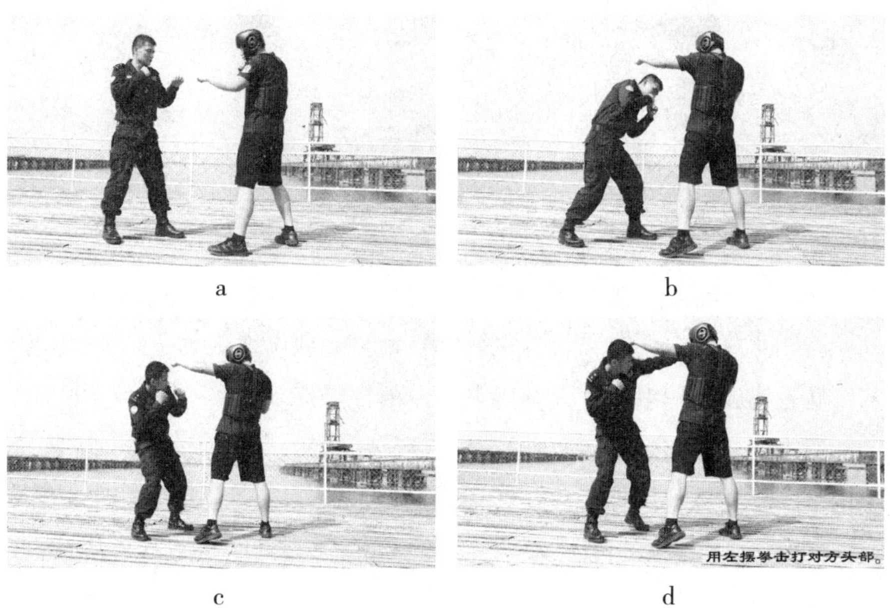

a　b　c　d

e

f

图4–32 摇闪防守反击技术

二、右摆拳（见图4–33）

动作过程：维和警察实战姿势站立，右脚蹬地，脚掌内旋，转腰，右拳向外、向前、向内成平面弧形横击；上体左转，腰部发力，力达拳面；身体右转，沉肘，右臂顺势收回，还原动作。

a

b

图4–33 右摆拳

动作要点：力从腰发，腰绕纵轴转动，抬肘出拳。

易犯错误：摆拳幅度大；出拳时向前探身。

纠正方法：面对镜子，观察摆拳的运动路线，动作逐渐定型后再增加力量；让队友帮助控制身体前探。

提示：右摆拳是一种杀伤力非常强的拳法，运用合理能起到出奇制胜的效果。

练习方法：参照右直拳和左摆拳技术动作的练习方法。

实战运用：

1. 击打部位（见图4–34）。

击打对方下颌部位及太阳穴部位。

a

b

图4–34　击打部位

2. 防守技术

（1）挂挡防守法（见图4–35）。当对方用右摆拳攻击我方时，我方左脚上前半步，含胸、左臂收紧、由下上挂，贴紧于头部外侧，用手臂的外侧和拳背保护头部。

图4–35　挂挡防守法

（2）摇闪防守法（见图4–36）。当对方用右摆拳攻击我方时，我方采用重心下移，身体摇闪动作，避开对方的攻击。

a

b

图4–36 摇闪防守法

3. 防守反击技术

（1）挂挡防守反击技术（见图4–37）。挂挡后，采用右直拳、右摆拳或右勾拳等动作进行反击。

a

b

c

d

图4–37 挂挡防守反击技术

（2）摇闪防守反击技术（见图4–38）。摇闪后，采用左摆拳或左勾拳等动作进行反击。

图4–38　摇闪防守反击技术

第三节　勾拳

勾拳在实战中主要用于贴身或近距离间的进攻拳法，具有隐蔽性强、力量大的特点。在实战中，常常使对方猝不及防，为自身进攻创造有利条件。

一、左勾拳（见图4–39）

动作过程：维和警察实战姿势站立，上体左转微下沉，重心前移至左腿，左腿蹬地转髋，身体右转，拳从腰间斜上方击出，力达拳面；身体左转，还原动作。

a

b

图4–39 左勾拳

动作要点：蹬地，转体，发力协调，动作幅度小。

易犯错误：发力时上体后仰、挺腹。

纠正方法：强调蹬地、转腰的动作要领，重点体会含胸的动作。

提示：出左勾拳时，上体在转动时，是以腰部为轴横向进行转动，不可以侧身转动。同时腰部要处于扭拉状态，随时保护好头部。

练习方法：

第一步：熟练掌握动作要领，分解进行体会，重点掌握蹬转与发力要协调一致，发力要快。

第二步：体会整体动作间的协调配合，动作连贯后，结合移动步法进行练习。

第三步：手靶练习（见图4–40）。先进行原地的练习，而后结合步法进行移动间的练习。

a

b

图4–40 手靶练习

提示：勾拳打靶时，靶要稍微上仰，放于胸前；当对方击打时，拿靶进行迎击。

实战运用：

1. 击打有效部位（见图4–41）。击打对方腹部、肋部或下颌部位。

a

b

c

图4–41 击打有效部位

2. 防守技术

（1）掩肘防守法（见图4–42）。当对方用左勾拳进攻我腹部时，我方身体迅速下蹲、沉肘夹臂、上体左旋以右肘部外侧来抵挡对方的进攻。

图4–42 掩肘防守法

（2）沉臂防守法（见图4–43）。当对方用左勾拳进攻我下颌时，我方身体向右侧扭转，同时用左手臂抵挡对方进攻。

图4–43 沉臂防守法

3. 防守反击技术

（1）掩肘防守反击技术（见图4–44）。防守后，分别使用左勾拳或左摆拳等动作进行反击。

a

b

c

图4–44 掩肘防守反击技术

（2）沉臂防守反击技术（见图4–45）。防守后，使用右摆拳等动作进行反击。

a　　b

图4–45　沉臂防守反击技术

二、右勾拳（见图 4–46）

动作要领：维和警察实战姿势站立，上体右转微下沉，含胸，重心移至右腿；右腿蹬地转髋。同时右拳向前、向上勾击，力达拳面；身体左转，动作还原。

a

b

图4–46　右勾拳

动作要点：同左勾拳动作要点。

易犯错误：右拳后拉；身体重心上提。

纠正方法：要消除单纯的用力心理，重点体会用力路线和整体的配合；身体重心上提，由维和警察帮助，一手按头、一手扶髋，边练习边提示。

练习方法：

参照左勾拳的技术练习方法。但值得注意的是，在使用右勾拳时，右臂下摆幅度要微大于左臂的下摆，右腿的蹬转要用力充分，如图4–47所示。

a

b

图4–47　手靶练习

实战运用：

1. 击打部位（见图4–48）。击打对方腹部、肋部以及下颌部位。

a

b

c

图4–48　击打部位

2. 防守技术

（1）掩肘防守法（见图4–49）。当对方用右勾拳进攻我方肋部时，我方身体迅速下蹲、沉肘夹臂、上体右旋以左肘部外侧来抵挡对方的进攻。

图4–49 掩肘防守法

（2）沉臂防守法（见图4–50）。当对方用右勾拳进攻我方下颌时，我方身体迅速向左扭转，用右手臂抵挡对方的进攻。

图4–50 沉臂防守法

3. 防守反击技术

（1）掩肘防守反击技术（见图4–51）。掩肘后，使用右勾拳或右摆拳等动作进行反击。

a

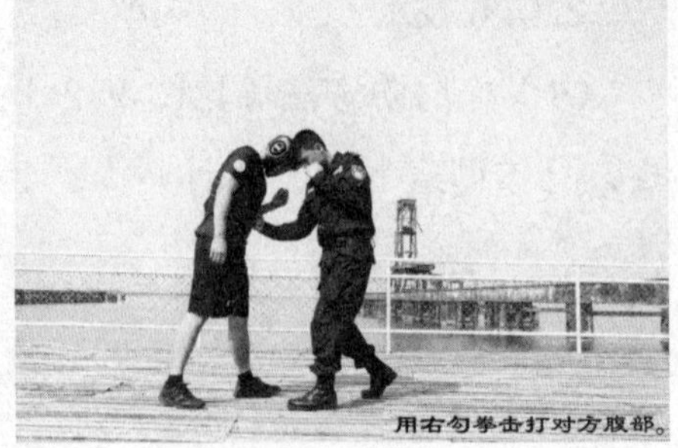

b

用右摆拳攻击对方头部。

c

图4–51 掩肘防守反击技术

（2）沉臂防守反击技术（见图4–52）。沉臂防守后，使用左摆拳等动作进行反击。

a

b

图4–52 沉臂防守反击技术

第五章　维和警察散打训练腿法的基本动作及实战运用

实战中，腿法是用于中、长距离进攻的技法，主要包括侧踹腿、鞭腿、正蹬腿、下劈腿以及转身后摆腿五种腿法。

第一节　侧踹腿

侧踹腿是散打技术中的主要腿法之一，它具有动作隐蔽、突然以及打击力度大的技术特点，分为左侧踹和右侧踹。

一、左踹腿

动作过程：维和警察实战姿势站立，重心移至右腿屈膝支撑；左腿屈膝抬起，小腿外翻，勾脚尖，右腿由屈到伸，展髋、挺膝向前踹出，力达脚掌；小腿收回，左膝外翻，动作还原。

a

b

c

d

e

图5-1　左侧踹

动作要点：发力时，动作要突然、简练，充分利用转体的力量，但重心不要上浮，支撑脚不要离地。

易犯错误：上体与腿不能成一条直线，速度慢、力量小。

纠正方法：手扶支撑物，严格按动作要领由慢到快反复进行练习。

练习方法：

1. 原地练习法（见图5-2）

第一步：牢记动作要领，分解体会提膝、蹬转、踹击的动作过程。

第二步：手扶固定物，目视前方，提膝向前踹击，体会动作的连贯性。

a　　b

图5–2 原地练习法

第三步：脚靶练习（见图5–3）。踹击脚靶，体会踹击时的发力点。

a　　b

c

图5–3 脚靶练习

2. 移动练习法

第一步：行进间体会侧踹动作，如图5–4所示。

a　　b

c　　d

e

图5-4　行进间侧踹

第二步：两人配合练习。一方实战姿势站立，另一方用侧踹踹击对方。

第三步：脚靶练习（见图5-5）。行进间进行侧踹的腿法练习。

a

b

图5–5 脚靶练习

实战运用：

1. 击打有效部位（见图5–6）。

分别踹击对方大腿、腹部、胸部以及头部四个部位。

a

b

c

d

图5–6 击打有效部位

2. 防守技术

（1）手拨防守技术（见图5–7）。当对方用左踹腿进攻我方腹部或者腹部以下部位时，我方左脚后撤半步，同时右手向外拨打对方小腿，改变其进攻的方向。

图5–7　手拨防守技术

（2）锁扣防守技术（见图5–8）。当对方用左侧踹进攻我腹部时，我双臂随即沉肘，两手相合，锁扣住对方脚踝处，同时含胸、收腹、收小腿，化解对方的进攻。

a

b

图5–8　锁扣防守技术

（3）后撤防守技术（见图5–9）。当对方用左踹腿进攻我方腹部或者腹部以下时，我方随即后撤半步，躲开对方的进攻。

a

b

图5–9 后撤防守技术

3. 防守反击技术

（1）手拨防守反击技术（见图5–10）。防守后分别用左直拳、右低鞭或左高鞭等动作进行反击。

a

b

用右低鞭击打对方大腿部。

c

d

图5–10 手拨防守反击技术

（2）锁扣防守反击技术（见图5-11）。防守后分别用右直拳、右低鞭等动作进行反击。

a

b

c

图5-11　锁扣防守反击技术

（3）后撤防守反击技术（见图5-12）。对方落腿后，我方迅速使用左低鞭腿或右侧转身后摆腿等动作进行反击。

a

b

c

图5-12 后撤防守反击技术

二、右踹腿（见图 5-13）

动作过程：维和警察实战姿势站立，身体重心前移，左腿微屈支撑，身体左转；右腿屈膝前抬，小腿外摆，勾脚尖，用脚掌用力直线向前踹出，力达脚底；收腿成反架站立。

a b c d

图5-13 右踹腿

提示：散打的实战姿势主要分为两种，一种是左手在前的“正架”，另一种是右手在前的“反架”。

动作要点：踹腿要展髋，身体略侧倒。

易犯错误：参考左踹腿的易犯错误。

纠正方法：参考左踹腿的纠正方法。

练习方法：在练习右踹腿动作时，先将实战姿势变为反架，然后参照左踹腿基本动作的练习方法加以练习，熟练掌握动作后再改为正架进行练习。

实战运用：

1. 击打部位

击打部位（见图5–14）。分别击打对方胸部以及头部两个部位。

a

b

图5–14　击打部位

2. 防守技术

（1）里抄防守技术（见图5–15）。当对方用右踹腿进攻我方躯干部位时，我方左脚向左上方上步侧闪，同时左臂自外向里抄拨对方小腿，改变其进攻的方向。

图5–15　里抄防守技术

（2）后撤步防守技术（见图5–16）。当对方用右踹腿进攻我方躯干部位时，我方随即后撤半步，躲开对方的进攻。

a

b

图5–16　后撤步防守技术

（3）跳步后闪防守技术（见图5–17）。当对方用右踹腿进攻我方胸腹部时，我右腿随即向后跳起后闪，避开对方的进攻。

a

b

图5–17　跳步后闪防守技术

3. 防守反击技术

（1）里抄防守反击技术（见图5–18）。防守后分别使用右直拳、右摆拳或右高鞭腿等动作进行反击。

a

b

c

d

图5–18　里抄防守反击技术

（2）后撤防守反击技术（见图5–19）。防守后，分别使用左低鞭腿以及右高鞭腿等动作进行反击。

a

b

c

图5-19 后撤防守反击技术

（3）跳步后闪防守技术（见图5-20）。防守后，分别使用右直拳、右正蹬腿以及右高鞭腿等动作进行反击。

a b c d

图5-20 跳步后闪防守技术

第二节　鞭腿

鞭腿，又称横踢腿，实战中最主要的进攻腿法之一。该动作以小腿鞭打为主，具有启动快、预兆小、鞭打力量大的技术特点，分为左鞭腿和右鞭腿。

一、左鞭腿（见图 5–21）

动作过程：维和警察实战姿势站立，右脚尖外摆，右膝略屈的同时，上体微左转，重心前移至右腿；左腿屈膝上提，大小腿折叠，脚背绷紧，支撑腿蹬地、转腰，左腿向左斜上横向踢出，力达脚背及小腿胫骨下端；踢击后动作迅速还原。

a　b

c　d

e

图5-21 左鞭腿

动作要点：发力时，动作要干脆、利落，充分利用蹬地、转腰的力量。

提示：左鞭腿，又称前鞭腿。它速度快、隐蔽性好，实战中经常用于快速进攻对方。

易犯错误：脚背放松，转腰不够，力点不准。

纠正方法：强调要按动作要领多做绷脚背动作，踢打沙包，体会击打时脚背的着力点。

练习方法：

1. 原地练习法

第一步：熟记动作要领，体会提膝，身体重心的变化；体会右腿蹬转时，脚跟内扣及左腿扣膝绷脚背动作。

第二步：练习体会小腿鞭打动作。

扶固定物练习法（见图5-22）。右手扶固定物，左手屈膝折叠，反复体会发力时小腿以膝关节为轴横向鞭打的感觉。

a

b

图5-22 扶固定物练习法

第三步：踢腿靶练习（见图5-23）。练习者与持靶维和警察保持一定距离，原地进行左鞭腿动作练习。

a

b

c

图5-23 踢腿靶练习

2. 移动练习法

方法一：结合前垫步练习（见图5-24）。维和警察个人结合前垫步进行左鞭腿动作练习，熟练后两人一组结合腿靶进行练习。

a b

a b

c

图5-24 结合前垫步练习

提示：该动作在实战中主要是配合前低鞭腿的进攻，主要击打对方头部或大腿内外侧。

方法二：结合纵步练习（见图5-25）。

a b c d

图5-25　结合纵步练习

提示：实战中，该动作主要是在对方不注意时，突然发起进攻的方法。不过该动作难度较大，需要维和警察具备很好的协调性和力量才能完成。

方法三：结合左后垫步练习（见图5-26）。

a b

c d

图5-26 结合左后垫步练习

提示：该动作是主要的防守反击动作，主要优点是防守得当，反击快，需要认真练习，熟练掌握。

方法四：结合后撤步练习（见图5-27）。维和警察个人结合后撤步进行左鞭腿动作练习，熟练后两人一组结合腿靶进行练习。

a b

c d

e

图5-27 结合后撤步练习

提示：该动作主要用于防守反击，在实战中，可根据不同时机踢击对方上、中、下三个不同部位。

实战运用：

1. 击打有效部位（见图5-28）。

主要击打对方大腿、躯干以及头部三个部位。

a

b

c

图5-28 击打有效部位

2. 防守技术

（1）掩肘防守技术（见图5–29）。当对方用左鞭腿进攻我方腹部时，在躲闪不及的情况下，我方迅速含胸、曲臂沉肘、身体稍内旋，用手臂抵御对方的进攻。

图5–29 掩肘防守技术

（2）后闪防守技术（见图5–30）。当对方用左鞭腿攻击我方躯干或头部时，我方右腿随即后撤半步，同时上体后仰，两手放于胸前，收下颌，目视对方。

a

b

图5–30 后闪防守技术

（3）侧闪防守技术（见图5–31）。当对方用左鞭腿进攻我方躯干时，我方身体随左腿后撤半步，躲开对方进攻。

a

b

图5-31 侧闪防守技术

（4）后撤防守技术（见图5-32）。当对方用左鞭腿进攻我方躯干时，我方左腿随即向后撤步成反架，躲避对方进攻。

a

b

图5-32 后撤防守技术

3. 防守反击技术

（1）掩肘防守反击技术（见图5-33）。防守后，分别使用左直拳、左正蹬以及左鞭腿进行反击。

a

b

c d

图5-33 掩肘防守反击技术

（2）后闪防守反击技术（见图5-34）。防守后，分别使用右正蹬腿或右高鞭腿等动作进行反击。

a b

c

图5-34 后闪防守反击技术

（3）侧闪防守反击技术（见图5-35）。防守后，分别使用左低鞭、左高鞭或右低鞭等动作进行反击。

a b c d

图5-35 侧闪防守反击技术

（4）后撤防守反击技术（见图5-36）。后撤后，分别使用左低鞭腿或左高鞭腿等动作进行反击。

a

b

c

图5-36 后撤防守反击技术

二、右鞭腿（见图 5–37）

动作过程：维和警察实战姿势站立，左脚尖外摆，左膝略屈的同时，上体微左转，重心前移至左腿；右腿屈膝上提，大小腿折叠，左腿蹬地，转腰，右腿脚背向斜上方横向踢出，力达脚背及小腿胫骨下端；两拳做好防护，踢击后迅速还原。

a b c d e f

图 5–37 右鞭腿

动作要点：转腰时，做好身体重心的转移，支撑脚不离地。

易犯错误：右腿提膝转髋时，出现撩腿现象。

纠正方法：强调向前提膝后再进行转髋动作。

提示：右鞭腿属于重型鞭腿，它打击力度大，常常可以给对方以沉重打击。

练习方法：

方法一：结合前上步练习（见图5-38）。

a b

c d

e

图5-38 结合前上步练习

提示：该动作主要是在双方距离比较大，我方主动进攻时使用。

方法二：结合后撤步练习（见图5–39）。

a　b　c　d　e

图5–39　结合后撤步练习

提示：该动作主要是双方距离比较近或者对方上步攻击要与对方拉开距离时，进行反击时使用。

实战运用：

1. 击打有效部位（见图5–40）。

分别击打对方大腿、躯干以及头部三个部位。

a b

c

图5-40 击打有效部位

2. 防守技术

（1）外挂防守技术（见图5-41）。当对方用右低（中）鞭腿进攻我方大腿外侧（躯干）时，我方左脚随即上前，同时伸左臂外挂对方小腿。

a b

图5-41 外挂防守技术

（2）侧闪防守技术（见图5–42）。当对方用右鞭腿进攻我方躯干时，我左腿随即向左躲闪，避开对方进攻。

a　　b

图5–42　侧闪防守技术

（3）后闪防守技术（见图5–43）。当对方用右鞭腿进攻我方躯干及以上部位时，我方身体随左腿后撤，躲开对方进攻。

a　　b

图5–43　后闪防守技术

（4）后撤防守技术（见图5–44）。当对方用右鞭腿进攻我躯干或头部时，我左腿随即后撤成反架，躲过对方进攻。

a　　b

图5–44　后撤防守技术

3. 防守反击技术

（1）外挂防守反击技术（见图5–45）。防守后，使用右直拳等动作进行反击。

a

b

图5–45　外挂防守反击技术

（2）侧闪防守反击技术（见图5–46）。躲闪后，分别使用左低鞭腿或右高鞭腿等动作进行反击。

a

b

c

图5–46　侧闪防守反击技术

（3）后闪防守反击技术（见图5–47）。后闪后，分别使用右低鞭腿或右正蹬腿等动作进行反击。

a

b

c

图5–47后闪防守反击技术

（4）后撤防守反击技术（见图5–48）。后撤后，使用左低鞭腿等动作进行反击。

a

b

图5–48 后撤防守反击技术

第三节 正蹬腿

正蹬腿在技术特点上与踹腿一样，属于直线型腿法，易于直接进攻。

一、左蹬腿（见图 5–49）

动作过程：维和警察实战姿势站立，右腿屈膝支撑，左腿屈膝上提，腿部折叠，脚尖勾起，右腿蹬地送髋发力，左腿向前方蹬出，力达脚掌及脚跟；蹬出后动作还原。

a b c d e

图 5–49 左蹬腿

动作要点：提膝、送髋、蹬击动作要连贯。

易犯错误：提膝过低，髋、踝关节放松。

纠正方法：上体直立，反复体会提膝靠胸动作，注意送髋和勾脚尖。

练习方法：

1. 原地练习法

方法一：扶固定物练习（见图5–50）。右手扶固定物，目视前方，做提膝蹬击动作。

a

b

图5–50 扶固定物练习

方法二：腿靶练习（见图5–51）。两人保持一定距离，一人持靶，另一人进行正蹬腿练习。

a

b

c

图5-51　腿靶练习

2. 移动练习法

方法一：纵步左蹬腿（见图5-52）。身体实战姿势站立，提左膝，纵步向前进行蹬击。

a　b

c　d

c

图5-52　纵步左蹬腿

方法二：垫步＋纵步左蹬腿（见图5-53）。实战姿势站立，右腿向前垫步，左腿在右腿落地的同时提膝纵步蹬击。

a　b

c　d

e

图5-53 垫步+纵步左蹬腿

实战运用：

1. 击打部位（见图5-54）。

分别用于阻击对方提腿、蹬击对方腹部以及蹬击对方头部。

a

b

c

图5-54 击打部位

2. 防守技术

（1）锁扣防守技术（见图5–55）。当对方用左蹬腿攻击我方躯干时，用锁扣防守技术将对方的进攻腿锁住。

图5–55 锁扣防守技术

（2）里抄防守法（见图5–56）。当对方用左蹬腿进攻我方腹部时，我方左腿随即后撤成反架，同时右臂借助身体的自外向里抄拨对方的小腿，改变其进攻方向。

图5–56 里抄防守法

3. 防守反击技术

（1）锁扣防守反击技术（见图5–57）。锁扣后使用右直拳进攻对方头部或放腿后用右低鞭进攻对方大腿。

a

b

c

图5-57　锁扣防守反击技术

（2）里抄防守反击技术（见图5-58）。改变对方攻击腿的方向后，分别使用左直拳、左摆拳或左高鞭腿等动作进行反击。

a

b

c d

图5-58 里抄防守反击技术

二、右蹬腿（见图5-59）

动作过程：维和警察实战姿势站立，身体前移重心至左腿，右腿提膝，腿部折叠，脚尖勾起，随着向前送髋，将脚向前蹬出，左腿挺直，力达脚掌及脚跟；蹬出后动作迅速还原。

a b

c d

e

图5-59　右蹬腿

动作要点：身体重心前移，提膝、送髋、蹬击动作要连贯。

易犯错误：向前提腿时，身体重心前移不够。

纠正方法：强调重心的转移，原地反复体会，提右腿时重心前移动作。

练习方法：

参照左蹬腿练习方法的动作说明。

实战运用：

1. 击打部位（见图5-60）。

分别蹬击对方躯干部位或蹬击对方头部。

a

b

图5-60　击打部位

2. 防守技术

里抄防守法（见图5-61）。当对方用右蹬腿进攻我方腹部时，我方左腿随即向左上方上步侧闪，同时左臂借助身体的转动抄击对方的小腿，改变其进攻方向。

图5-61　里抄防守法

3. 防守反击技术

里抄防守反击技术（见图5-62）。做完防守动作后，分别使用右直拳、右摆拳或右高鞭腿等动作进攻对方。

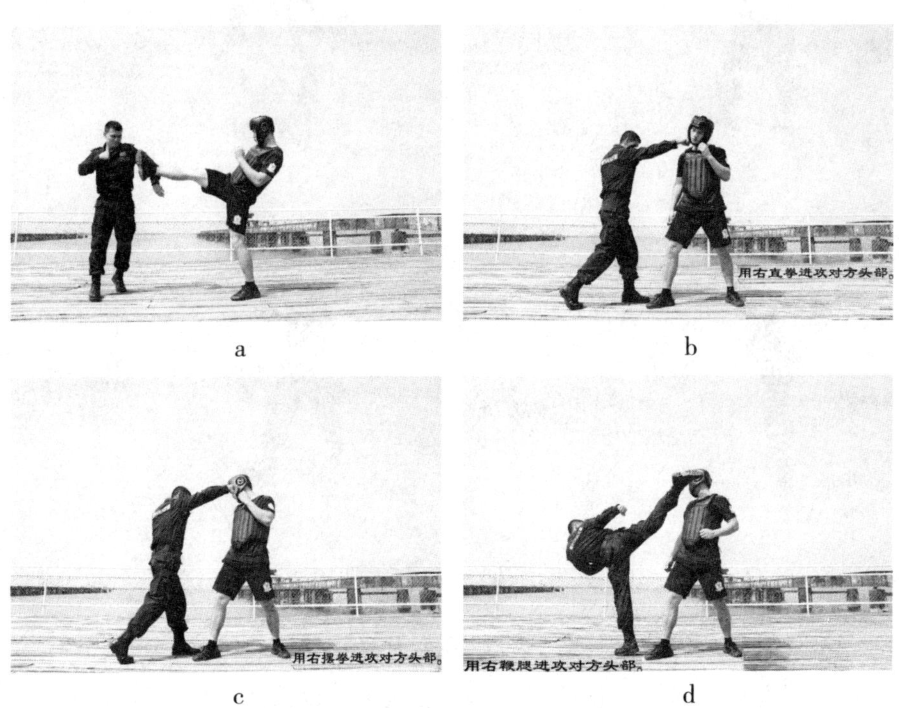

a　b　c　d

图5-62　里抄防守反击技术

第四节 下劈腿

下劈腿是散打技术中常用的腿法，主要用于击打对方头部。

一、左下劈腿（见图 5-63）

动作过程：维和警察实战姿势站立，重心移至右腿，左腿提膝上抬送髋，上体微向后倾，当脚高举过头时，快速下压，用脚掌或脚后跟下砸对方的头部。

a b c d

图5-63 左下劈腿

易犯错误：提腿时高度不够，且重心不稳。

纠正方法：强调提膝动作要高，腿做下压动作时，向前下方劈击。

练习方法：

1. 原地练习法

方法一：扶固定物练习（见图5-64）。右手扶固定物，目视前方，做提膝下劈动作。

a

b

图5-64 扶固定物练习

方法二：腿靶练习（见图5-65）。两人保持一定距离，一人持靶，另一人进行左下劈腿法练习。

a

b

图5-65 腿靶练习

2. 移动练习法

实战姿势站立，结合步法进行左下劈动作的练习。

（1）纵步左劈腿（见图5-66）。实战姿势站立，提腿纵步向前劈击；练习时要保持身体平衡。

a b

c

图5-66 纵步左劈腿

（2）垫步+纵步左劈腿（见图5-67）。实战姿势站立，右腿向前垫步，落地的同时左腿纵步提腿下劈。

a

b

c d

图5-67 垫步 + 纵步左劈腿

（3）后撤步左劈腿（见图5-68）。左腿后撤成反架，再向前提腿劈击。

a b

c d

e

图5-68 后撤步左劈腿

实战运用：

1. 击打部位（见图5-69）。劈击对方头部。

图5-69 击打部位

2. 防守技术

后撤防守技术（见图5-70）。当对方用左下劈腿进攻我方时，我方随即后撤，躲开对方进攻。

a

b

图5-70 后撤防守技术

3. 防守反击技术

后撤防守反击技术（见图5–71）。后撤后，使用右低鞭腿或左直拳等动作进行反击。

a

b

c

图5–71 后撤防守反击技术

二、右下劈腿（见图5–72）

动作过程：实战姿势站立，重心移至左腿，右腿提膝上抬送髋，提腿高举过头后快速下劈，用脚掌或者脚跟劈击对方头部；击打目标后，右脚自然下落成反架，再还原成预备实战姿势。

图5-72 右下劈腿

易犯错误：腿部下落成反架时，重心过于前移。

纠正方法：腿部下落成反架时，身体重心要保持平衡，上体不要过于向前倾。

练习方法：

1. 原地练习法

方法一：扶固定物练习。左手扶固定物，目视前方，做提膝下劈动作。(练习方法同左下劈腿。)

方法二：腿靶练习。两人保持一定距离，一人持靶，另一人进行右下劈腿法练习。(练习方法同左下劈腿。)

2. 移动练习法

身体实战姿势站立，结合步法进行右下劈动作的练习。

左上步下劈腿（见图5–73）。左脚上步后，使用下劈腿进行进攻。

a

b

c

d

e

图5–73 左上步下劈腿

左撤步下劈腿（见图5–74）。左脚后撤半步后，使用下劈腿进攻。

a　　b

c　　d

e

图5–74　左撤步下劈腿

实战运用：

1. 击打有效部位

击打有效部位（见图5–75）。劈击对方头部。

图5-75 击打有效部位

2. 防守技术

后撤防守技术（见图5-76）。当对方用右下劈腿进攻时，我方随即后撤，躲开对方进攻。

a

b

图5-76 后撤防守技术

3. 防守反击技术

后撤防守反击技术（见图5-77）。后撤后，使用左低鞭腿、右正蹬腿或右高鞭腿等动作进行反击。

a b c d

图5-77 后撤防守反击技术

第五节 转身后摆腿

转身后摆腿在散打技术中属于难度系数较大的腿法，它是借助腰髋扭转带动后腿向前横扫，以此来击打对方的躯干部和头部。

一、左转身后摆腿（见图5-78）

动作过程：实战姿势站立，右脚向左斜前方上一步呈反架；扭腰、转髋、回头，目视前方。同时抬左腿，自左后向前横扫，脚面绷直力达脚掌；左腿顺势回收，还原动作。

图5-78　左转身后摆腿

易犯错误：弯腰、低头、击打不到位

纠正方法：多进行动作的体会练习，注意转体时先转头。

练习方法：

1. 原地练习法

方法一：空击练习。维和警察原地体会左转身后摆腿动作要领，右腿上步时，落点要偏左，使自己的臀部正对对方，这样便于左腿的启动和对目标的准确打击。同时，练习时要重点体会“以腰带腿，划弧横扫”的发力动作。

方法二：腿靶练习。两人保持一定距离，一人持靶，另一人进行左转身后摆腿动作的练习（练习方法同右转身后摆腿）。

2. 移动练习法

维和警察结合步法，进行该腿法的练习，待动作熟练后，可两人一组进行腿靶的练习，持靶人可根据练习维和警察对动作的掌握情况，不断变换靶位，使对方在移动中找寻准备的击打点。

实战运用：

1. 击打部位

击打部位（见图5-79）。主要击打对方躯干部位和头部。

a

b

图5-79 击打部位

2. 防守技术

后撤防守技术（见图5-80）。当对方使用左转身后摆腿进攻时，我方随即后侧，躲开对方进攻。

a

b

图5-80 后撤防守技术

3. 防守反击技术

后撤防守反击技术（见图5–81）。后撤后，分别使用右低鞭腿或左高鞭腿等动作进行反击。

a

b

用左鞭腿进攻对方头部。

c

图5–81 后撤防守反击技术

二、右转身后摆腿（见图 5–82）

相对于左转身后摆腿来说，右转身后摆腿具有动作变化快、力量大的特点，宜于直线进攻和反击。在实战中，因其动作突然且击打力大，故很多维和警察常将该动作设定为自己的拿手绝活，以此来达到“一脚定乾坤”的效果。

动作过程：维和警察实战姿势站立，左脚向右前侧移动半步，扭腰、转髋、回头，目视前方；抬右腿自右后向前横扫，脚面绷直，力达脚掌；右脚顺势回收，还原动作。

a b c d e

图5-82 右转身后摆腿

易犯错误：请参考左转身后摆腿易犯错误。

纠正方法：请参照左转身后摆腿纠正方法。

练习方法：

1. 原地练习法（见图5-83）。

两人保持一定距离，一人持靶，另一人进行右转身后摆腿动作的练习。

a　　b

图5-83　原地练习法

2. 移动练习法。参照左转身后摆腿移动练习方法。

实战运用：

1. 击打部位（见图5-84）。

分别击打对方躯干部位或对方头部。

a

b

图5-84　击打部位

2. 防守技术

后撤防守技术（见图5-85）。当对方使用右转身后摆腿进攻时，我方随即后撤，躲开对方进攻。

a b

图5-85 后撤防守技术

3. 防守反击技术

后撤防守反击技术（见图5-86）。分别使用左低鞭、右正蹬或右高鞭等动作进行反击。

a b c d

图5-86 后撤防守反击技术

第六章 维和警察散打训练摔法的基本动作及实战运用

摔法主要是一方利用身体的巧劲将对方摔倒的技术，在实战中运用较多，主要分为贴身摔和接招摔。

第一节 贴身摔

贴身摔主要是一方在实战中与另一方有身体接触时利用身体巧劲或者是对方空隙，将对方摔倒的方法，主要包括抱腿前顶、抱腿旋压、抱腿勾腿以及夹颈摔四个技术动作。

一、抱腿前顶（见图 6–1）

动作过程：双方实战姿势站立，我方上左步身体下潜，双手抱对方双腿膝窝下部，双手用力回拉；用左肩前顶对方大腿根部或腹部，将对方摔倒。

a

b

图6–1 抱腿前顶

易犯错误：下潜时，抱不住双腿，或者是将对方摔不倒。

纠正方法：下潜时一定要接近对方，两臂后拉与肩向前顶两个动作要协调配合。

练习方法：

方法一：配合练习法。在练习的起初阶段，主要是两人一组进行配合的练习方法：一方针对该动作进行重复练习，另一方完全配合练习。

方法二：模拟实战练习法。在熟练动作后，两人一组模拟实战，一方进行主动练习，另一方在对方摔时适当做出反抗。

实战运用：

我方主动进攻时的运用：用左直拳进攻后迅速下潜利用抱腿前顶动作将对方摔倒，如图6-2所示。

a b c d

图6-2 抱腿前顶运用

二、抱腿旋压（见图6–3）

动作过程：双方实战姿势站立，我方上左步身体下潜，重心移至左腿。同时左手抄抱对方大腿内侧，右手抱住对方小腿后，以左脚掌为轴，身体向右后方旋转，以右手提、左肩压的合力将对方摔倒。

a

b

图6–3 抱腿旋压

易犯错误：下潜时摔不倒对方。

纠正方法：强调以胸腹部贴紧对方腿部内侧，注重提、拉、顶与转腰动作的一致性。

练习方法：（同抱腿前顶的练习方法）

实战运用：

我方主动进攻时的运用：我方用左摆拳进攻对方后迅速下潜用抱腿旋压动作将对方摔倒，如图6–4所示。

a

b

c

d

图6-4 抱腿旋压运用

三、抱腿勾腿（见图6-5）

动作过程：双方实战姿势站立，我方上步，身体微下潜闪躲，左手抱住对方右后腰；右手抱其左膝窝用力回拉，使对方左腿离地；左腿抬起前伸，由前向后勾住对方的支撑腿，同时用左肩向前顶靠对方肋部，将其摔倒。

a

b

图6-5 抱腿勾腿

易犯错误：抱腿不紧，摔不倒对方。

纠正方法：强调近身后要马上抱起对方左腿破坏其重心，做到手拉和肩顶用力一致。

练习方法:(同抱腿前顶的练习方法)

实战运用:

我方主动进攻时的运用:我方用左直拳加右摆拳的组合拳法进攻对方后，身体微下潜用抱腿勾腿动作将对方摔倒，如图6–6所示。

a b c d e f

图6–6 抱腿勾腿运用

四、夹颈摔（见图6–7）

动作过程：双方实战姿势站立，我方进攻对方后迅速夹握对方左前臂，同时，右臂由对方左肩穿过后，曲臂夹住对方颈部。左脚向后撤半步与右脚平行，两腿屈膝，臀部抵住对方小腹；身体向左转两腿蹬伸，弓腰，头向左转，将对方背起后向前摔倒。

a

b

图6–7　夹颈摔

易犯错误：夹颈不牢固，背不起对方。

纠正方法：强调身体贴住对方，曲臂夹颈要紧，身体贴实对方胸腹部，弓腰、蹬伸动作要快速、协调。

练习方法:（同抱腿前顶的练习方法）

实战运用：

我方主动进攻时的运用：我方用左直拳进攻对方后，迅速用夹颈摔动作将对方摔倒，如图6–8所示。

a

b

c d

e

图6-8 夹颈摔运用

第二节 接招摔

接招摔主要是在实战中，对方向我进攻时，我方接招后顺势将对方摔倒的技术，主要包括抱腰过背、夹臂摔、接腿下压、接腿勾踢、接腿涮腿以及接腿别腿六个技术动作。

一、抱腰过背（见图6-9）

动作过程：双方实战姿势站立，对方用右摆拳攻击我头部时，我方立即向右闪身，左脚向前上半步，同时右臂由对方左腋下穿过，搂抱对方后腰；左手挂挡对方右拳后迅速夹握对方右前臂。然后身体左转，左脚向后撤半步，双腿屈膝，臀部抵住对方小腹。继而两腿蹬伸，弓腰，头向左转，将对方背起后摔倒。

a　　b

c

图6-9　抱腰过背

易犯错误：使用时，抱腰不紧。

纠正方法：应注意上步转身贴近对方身体。

练习方法:（同抱腿前顶的练习方法）

实战运用：

对方使用右摆拳攻击，我方防守后，使用抱腰过背动作将对方摔倒，如图6-10所示。

a b c d e

图6–10 抱腰过背运用

二、夹臂摔（见图6–11）

动作过程：双方实战姿势站立，对方用右摆拳攻击我方头部时，我方身体立即向右闪，同时左脚向前上半步，左手挂挡对方右摆拳后迅速夹握对方右前臂，我方右臂从对方右臂下穿过并上挑至肩上，身体左转，左脚向后撤半步屈膝，臀部抵住对方小腹；两腿蹬伸、弓腰、头向左转，将对方背起后向前摔倒。

a

b

c

图6-11 夹臂摔

易犯错误：抱不牢对方右臂。

纠正方法：强调插步转身要快，双手上下配合一致。

练习方法:（同抱腿前顶的练习方法）

实战运用:

对方使用右摆拳攻击，我方防守后，使用夹臂摔动作将对方摔倒，如图6-12所示。

a b c d e

图6-12 夹臂摔运用

三、接腿下压（见图6-13）

动作过程：当对方用左鞭腿进攻我方时，我方抄抱其腿后，右腿立即向后撤步，上体右转，左手回拉；躯干前屈，用肩胸下压对方左腿内侧，将对方摔倒。

a　　　　　　　　b

图6-13　接腿下压

易犯错误：摔不倒对方。

纠正方法：强调撤步转身、肩胸下压以及右手上掀三个动作的协调配合。

练习方法:（同抱腿前顶的练习方法）

实战运用：

对方用左鞭腿进攻我方，我方用接腿摔将对方摔倒，如图6-14所示。

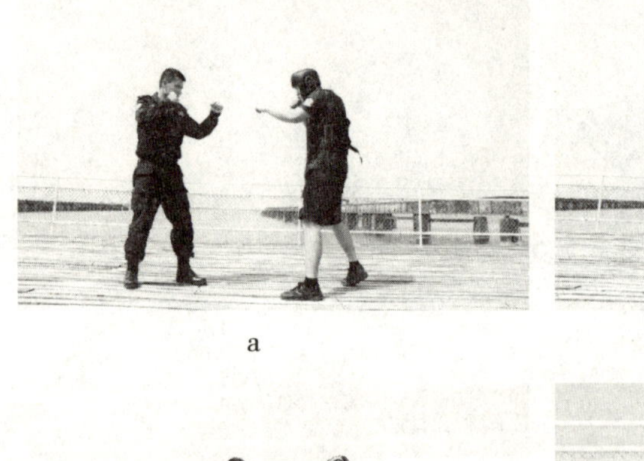

a　　　　　　　　b

c　　　　　　　　d

图6-14　接腿下压运用

四、接腿勾踢（见图 6–15）

动作过程：当对方用右鞭腿进攻我方时，我方立即抢先进步，并向左转身；用右手臂抄抱对方膝关节以上部位，左手搂抱对方小腿；用右手迅速向对方颈部下压，右脚勾踢对方左腿脚踝处，同时上体右转，右手回拉，将对方摔倒。

a　　b

c

图6–15　接腿勾踢

易犯错误：勾踢不倒对方。

纠正方法：要求抱腿尽量向膝关节以上抄抱，压颈、勾踢、转腰动作要快速、协调。

练习方法：（同抱腿前顶的练习方法）

实战运用：

对方使用左侧踹攻击我方，我方用接腿摔动作将对方摔倒，如图

6–16所示。

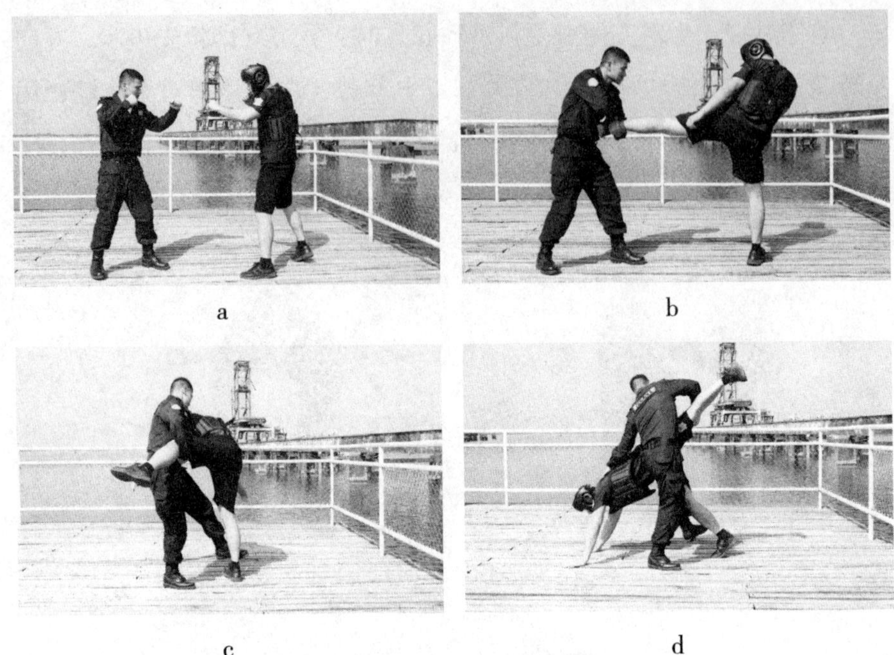

a b c d

图6–16 接腿勾踢运用

五、接腿涮腿（见图6–17）

动作过程：当对方以左蹬腿或左踹腿进攻时，我方用双手抄抱其脚踝处；两腿屈膝退步，两手用力回拉；跨左步，上右步，双手由内向下、向左上方弧形摇荡，将对方摔倒。

a b

c

图6–18 接腿涮腿

易犯错误：摔不倒对方。

纠正方法：强调后拉借力与弧形摇荡协调一致，要先破坏对方的重心，然后再回拉摇摔。

练习方法:（同抱腿前顶的练习方法）

实战运用：

对方使用左侧踹攻击，我方用接腿摔动作将对方摔倒，如图6–19所示。

a

b

c

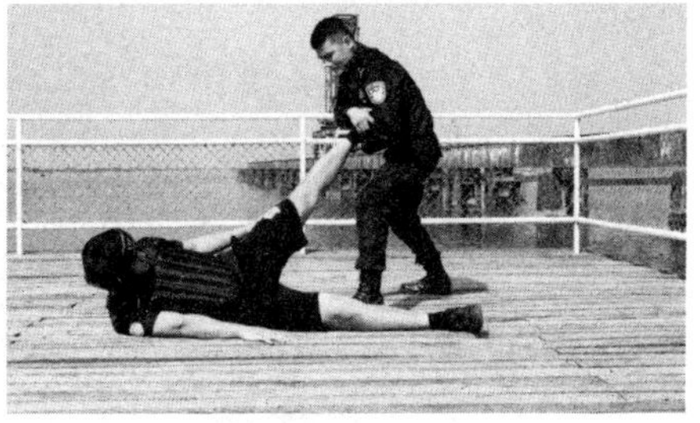

d

图6–19 接腿涮腿运用

六、接腿别腿（见图6-20）

动作过程：对方用左鞭腿进攻时，我方立即抄抱其腿，接着身体下潜上左步，右脚跟半步，继而左脚插在对方的支撑腿后面别腿，上体右转用胸臂下压对方前腿，将对方摔倒。

a

b

图6-20 接腿别腿

易犯错误：抱不住腿。

纠正方法：练习时，强调掌握好抄抱腿的方法和时机。

练习方法：（同抱腿前顶的练习方法）

实战运用：

对方使用左鞭腿攻击，我方用接腿摔动作将对方摔倒，如图6-21所示。

a

b

c d

图6-21 接腿别腿运用